한중일 공용한자 800

KB270739

하루 10자씩 80일 만에 마스터하는

한중일 공용한자 800

글로세움

영어 사용 인구보다 한자 사용 인구가 더 많은 시대, 한자를 배우고 익혀 글로벌 리더가 되자!

　세계에서 가장 많이 사용하는 언어는 무엇일까요? 아마 많은 사람들이 영어라고 생각할 것입니다. 하지만 놀랍게도 지구상에는 영어를 사용하는 사람보다 한자를 사용하는 사람이 더 많습니다. 우리나라만 하더라도 한글을 사용하고 있지만 평소 사용하는 일상용어의 70%, 학습용어의 90%가 모두 한자를 기반으로 하고 있으니까요. 따라서 '학습의 시작은 한자로부터'라고 해도 과언이 아닙니다.

　한국, 중국, 일본은 모두 한자를 기반으로 언어를 사용하지만, 오랜 세월이 지나면서 각각 조금씩 다르게 사용하게 되었습니다. 우리나라에서는 한자의 기본형이라 할 수 있는 '정자체'를 사용하는 반면, 중국에서는 획을 줄여 간략하게 만든 '간자체'를, 일본에서는 마찬가지로 간단하게 표기한 '약체자'를 사용합니다. 이러한 차이로 인해 같은 한자 문화권이면서도 서로 간의 의사소통에 어려움이 있었던 것이지요.

　그런데 2013년 7월, 3국의 정치인, 지식인의 모임인 '30인회'가 한·중·일 공용 상용한자 800자를 선정하여 발표했습니다. 무려 3년간의 긴 연구와 노력 끝에 이어령 전 문화부 장관과 중국의 인민대, 일본의 교토대 학자들이 중심이 되어 한국, 중국, 일본에서 공통적으로 실생활에서 가장 많이 사용하는 한자 800자를 선정한 것입니다. 세 나라의 문자를 비교하며 10만 자 이상의 한자에서 800자를 추려내기란 쉽지 않았을 것입니다. 그 노고에 박수를 보냅니다.

　그렇다면 한국과 중국, 일본의 학자들은 왜 상용한자 800자를 선정했을까요? 앞에서 말했던 서로 간의 의사소통 때문입니다. 같은 한자 문화권이면서도 조금씩 모양과 사용법이 다른 한자를 사용하기 때문에 원활하게 교류하지 못하고 있다고 생각한 것이지요. 공통적으로 자주 사용하는 한자 800자만 공부하면 세 나라 중 어느 나라에

가도 웬만큼 의사소통이 가능할 수 있도록 한 것입니다.

　한자 문화권인 나라는 대만, 싱가포르, 베트남, 북한 등 아시아 전역에 많이 있습니다. 이 중 한자 문화권의 세 축이라 할 수 있는 한·중·일의 상용한자 800자를 익히면 3국은 물론 아시아 어느 곳을 가더라도 그 나라의 말은 하지 못해도 글자를 읽고 쓰면서 편리하게 다닐 수 있을 것입니다.

　전 세계적으로 가장 많이 쓰는 문자가 바로 한자라고 했지요? 게다가 한자 문화권의 주요 국가인 중국은 세계경제대국 2위, 일본은 3위를 차지하고 있습니다. 그렇기 때문에 한자의 중요성이 더욱 커질 수밖에 없는 것입니다. 최근 전 세계적으로 한자를 배우려는 열풍이 불고 있는 것도 이런 까닭입니다. 유럽의 고전 문화를 이해하려면 그 뿌리가 되는 라틴어를 알아야 하듯이, 한자 문화권의 여러 나라들을 이해하고 교류하려면 한자를 알아야 합니다. 아시아에서도 그동안 영어 공부에 매진해왔던 싱가포르, 홍콩 같은 나라들이 다시 한자 공부에 열심이라니, 얼마나 한자가 중요한지 잘 알 수 있겠지요?

　이렇게 전 세계적으로 한자의 붐이 일어나고 있는 이 시대에 우리는 누구보다 유리한 위치에 있습니다. 우리 역시 오랫동안 한자를 사용해왔고 익숙하게 접해왔기 때문입니다. 영어를 공부하기 위해 들이는 노력에 비하면 한결 쉽게 배울 수 있습니다. 특히 이 책에 나와 있는 한국, 중국, 일본에서 가장 많이 쓰는 한자로 엄선된 800자를 먼저 익혀둔다면 미래 사회를 앞서갈 수 있는 좋은 기회가 될 것입니다.

　앞으로 배울 학교 공부는 물론 모든 분야에서 한자는 꼭 필요한 기초 학문입니다. 한자 실력이 공부 실력이라고 해도 과언이 아니지요. 이렇게 중요한 한자를 공부하면서 중국어와 일본어의 기초까지 함께 익힐 수 있다면 3개 국어를 동시에 배우는 효과를 얻을 수 있습니다. 이웃나라인 중국과 일본의 한자는 어떤 모습인지, 어떻게 다른지 비교하면서 공부하다보면 자칫 지루할 수 있는 한자 공부가 더욱 흥미롭게 다가올 것입니다. 이 책이 여러분을 아시아의 리더, 세계의 리더로 이끄는 초석이 되기를 진심으로 바랍니다.

❀ 한국 : 정자(正字) 혹은 번체자(繁體字)

원래의 한자라는 의미에서 정자라고 부릅니다. 우리나라 외에 대만에서도 번체자를 사용합니다.

❀ 중국 : 간자(簡字)

한자를 좀 더 간편하게 쓰기 위해 획수를 줄이거나 간단히 변형한 한자로 중국 정부가 공식적으로 제정한 것입니다. 하지만 최근 간자를 배운 사람들이 중국 고전 자료를 읽을 수 없다든지 하는 문제로 원래의 번체자로 돌아가자는 움직임도 있습니다.

❀ 일본 : 약자(略字)

마찬가지로 한자를 좀 더 편히 쓰기 위해 개발한 한자로 일본 역시 국가적으로 약자를 제정하여 사용하고 있습니다.

약자나 간자는 모두 한자를 좀 더 간편하게 쓰기 위해 만들어진 것으로 원래 글자의 일부만 살리고 나머지는 생략한 경우, 일부만 간단히 고친 경우, 글자를 완전히 다른 글자로 대체하는 경우 등이 있습니다. 간자나 약자도 나름의 원리가 있기 때문에 그 원리를 파악하면 어렵지 않게 익힐 수 있습니다.

❀ 하루에 10글자씩 80일간만 집중해서 쓰기 연습을 해보세요.

한중일에서 통역이나 전문가 없이도 의사소통이 되는 여러분의 모습을 발견하실 수 있을 것입니다.

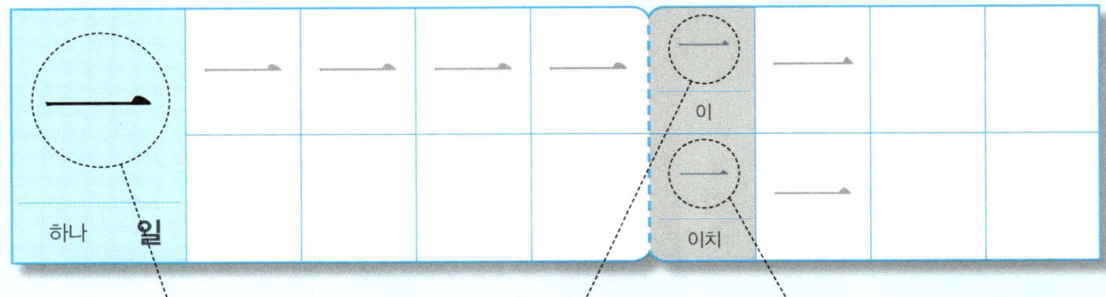

한국의 정자(正字)를 8회 익힌 후, 중국 간자(簡字), 일본 약자(略字)도 3회씩 쓰면서 익혀봅니다.

한자의 필순은 크게 두 가지 원칙이 있습니다.
이 기본적 필순만 이해하면 한자를 자연스럽게 쓸 수 있습니다.

❶ 위로부터 아래로 쓴다.	예 三(一 二 三), 多(ノ ク タ 多 多 多)
❷ 왼쪽으로부터 오른쪽으로 쓴다.	예 川(ノ 川 川), 仁(ノ イ 仁 仁), 江(丶 氵 氵 氵 江 江)

[구체적 분류]

❸ 가로획과 세로획이 교차될 때는 가로획을 먼저 쓴다.	예 大(一 ナ 大), 世(一 十 廿 廿 世)
❹ 좌우가 대칭이거나 동형일 때는 가운데를 먼저 쓴다.	예 小(亅 小 小), 山(丨 山 山), 出(丨 屮 屮 出 出)
❺ 바깥 부분의 몸을 먼저 쓴다.	예 同(丨 冂 冂 同 同 同), 火(丶 丷 少 火), 國, 問
❻ 꿰뚫는 가로획과 세로획은 나중에 긋는다.	
• 가로획을 나중에 긋는 경우	예 女(人 女 女), 母(乚 口 口 口 母)
• 세로획을 나중에 긋는 경우	예 半(丶 丷 亼 半 半), 中(丨 口 口 中)
❼ 삐침은 파임보다 먼저 써야 한다.	예 有(ノ ナ 冇 有 有 有), 人(ノ 人)
• 삐침 획 중 먼저 쓰는 경우	예 九(ノ 九), 及(ノ 乃 乃 及), 皮
• 삐침 획 중 나중에 쓰는 경우	예 刀(フ 刀), 方(丶 亠 方 方)
❽ 밑을 나중에 쓴다.	
• 둘레를 에운 글씨는 바깥 획을 먼저 쓰고 밑획은 가장 나중에 쓴다.	예 回(丨 冂 冂 回 回 回), 困(丨 冂 冃 用 困 困 困)
❾ 오른쪽에 점이 오는 경우에는 점을 마지막에 쓴다.	예 成(ノ 厂 厂 戌 成 成 成), 犬(一 ナ 大 犬)
❿ 받침 중에는 먼저 쓰는 경우(독립자인 경우)와 나중에 쓰는 것이 있다.	
• 받침을 먼저 쓰는 경우	예 起(一 十 土 キ キ 走 走 起 起 起), 題
• 받침을 나중에 쓰는 경우	예 延(一 T 千 正 正 延 延 延), 道

한중일 공용한자 800

뜻	정자		간자		약자	
하나	一	일	一	이	一	이치
새, 둘	乙	을	乙	이	乙	오쓰
사람	人	인	人	렌	人	진, 닌
열	十	십	十	시	十	주
둘	二	이	二	얼	二	니
또	又	우	又	유	又	마다(훈독)
힘	力	력	力	리	力	리키, 로쿠
아홉	九	구	九	주	九	큐, 쿠
여덟	八	팔	八	바	八	하치
일곱	七	칠	七	치	七	시치
들어가다	入	입	入	루	入	뉴
칼	刀	도	刀	다오	刀	토
장정	丁	정	丁	딩	丁	쵸, 테이
위	上	상	上	상	上	쇼, 죠
크다	大	대	大	다	大	타이, 다이
아들	子	자	子	쯔	子	시
작다	小	소	小	샤오	小	쇼
아래	下	하	下	샤	下	카, 게
장인	工	공	工	궁	工	코
셋	三	삼	三	싼	三	산
입	口	구	口	커우	口	쿠, 코
몸	己	기	己	지	己	키, 코
여자	女	녀	女	뉘	女	죠
산	山	산	山	산	山	센
이미	已	이	已	이	已	이
이르다	及	급	及	지	及	큐
재주	才	재	才	차이	才	사이, 자이
일천	千	천	千	첸	千	센
흙	土	토	土	투	土	토, 도
선비	士	사	士	스	士	시
오래	久	구	久	주	久	쿠, 큐
무릇, 평범하다	凡	범	凡	판	凡	한, 본
망하다	亡	망	亡	왕	亡	보, 모
마디	寸	촌	寸	춘	寸	슨
시내	川	천	川	촨	川	센
활	弓	궁	弓	궁	弓	큐
저녁	夕	석	夕	시	夕	세키
아니다	不	불	不	부	不	후, 부
가운데	中	중	中	중	中	츄
하늘	天	천	天	텐	天	텐
크다	太	태	太	타이	太	타, 타이
날	日	일	日	르	日	니치
방위, 수단	方	방	方	팡	方	호
나누다	分	분	分	펀	分	훈, 분
다섯	五	오	五	우	五	고
마음	心	심	心	신	心	신
물	水	수	水	수이	水	스이
달	月	월	月	웨	月	가쓰, 게쓰
되다	化	화	化	화	化	카, 케
견주다	比	비	比	비	比	히
공평하다	公	공	公	궁	公	코, 쿠
안	內	내	內	네이	內	나이, 다이
이제	今	금	今	진	今	킨, 콘
손	手	수	手	서우	手	슈
여섯	六	육	六	류	六	로쿠
돌이키다	反	반	反	판	反	한, 탄
적다	少	소	少	사오	少	쇼
글월	文	문	文	원	文	분
남편, 사내	夫	부	夫	푸	夫	후
불	火	화	火	화	火	카
으뜸	元	원	元	위안	元	간, 겐
털	毛	모	毛	마오	毛	모
임금	王	왕	王	왕	王	오
벗	友	우	友	유	友	유
지탱하다	支	지	支	즈	支	시
조각	片	편	片	펜	片	헨
나무	木	목	木	무	木	모쿠, 보쿠
끌다	引	인	引	인	引	인
그치다	止	지	止	즈	止	시
아버지	父	부	父	푸	父	후
자, 길이	尺	척	尺	처	尺	샤쿠
낮	午	오	午	우	午	고
소	牛	우	牛	뉴	牛	규
집, 문	戶	호	戶	후	戶	코
성	氏	씨	氏	스	氏	시
우물	井	정	井	징	井	쇼, 세이
붉다	丹	단	丹	단	丹	탄
어질다	仁	인	仁	런	仁	진
흉하다	凶	흉	凶	슝	凶	쿄
짝	匹	필	匹	피	匹	히쓰
개	犬	견	犬	취안	犬	켄
다르다	他	타	他	타	他	타
그럼으로써	以	이	以	이	以	이
가능하다, 옳다	可	가	可	커	可	카
태어나다	生	생	生	성	生	쇼, 세이
나가다	出	출	出	추	出	슈쓰
주인	主	주	主	주	主	슈
쓰다	用	용	用	융	用	요
가다	去	거	去	취	去	쿄
백성	民	민	民	민	民	민
근본	本	본	本	번	本	혼
바깥	外	외	外	와이	外	가이
더하다	加	가	加	자	加	카
넷	四	사	四	쓰	四	시

뜻	정자		간자		약자	
바르다	正	정	正	정	正	세, 쇼
말미암다	由	유	由	유	由	유
평평하다	平	평	平	핑	平	효
대신하다	代	대	代	다이	代	다이
희다	白	백	白	바이	白	하쿠, 뱌쿠
서다	立	립	立	리	立	리츠, 류
때리다	打	타	打	다	打	다
북쪽	北	북	北	베이	北	하쿠
세상, 세대	世	세	世	스	世	세
반드시	必	필	必	비	必	히쓰
눈	目	목	目	무	目	모쿠, 보쿠
저자, 시장	市	시	市	스	市	시
또	且	차	且	쥐	且	쇼
베	布	포	布	부	布	후
돌	石	석	石	스	石	고쿠, 샤쿠, 세키
엄마	母	모	母	무	母	보, 모
아니다	未	미	未	웨이	未	비, 미
절반	半	반	半	반	半	한
보이다	示	시	示	스	示	시, 지
오래되다	古	고	古	구	古	코
역사	史	사	史	스	史	시
잃다	失	실	失	스	失	시쓰
공로	功	공	功	궁	功	쿠, 코
밭	田	전	田	톈	田	덴
가죽	皮	피	皮	피	皮	히
명령, 하여금	令	령	令	링	令	료, 레이
왼쪽	左	좌	左	쮜	左	사
글귀	句	구	句	쥐	句	쿠
오른쪽	右	우	右	유	右	우, 유
구슬	玉	옥	玉	위	玉	교쿠
겨울	冬	동	冬	둥	冬	토
형	兄	형	兄	슝	兄	쿄, 케이
길다	永	영	永	융	永	에이
갑옷	甲	갑	甲	자	甲	칸, 코
끝	末	말	末	모	末	바쓰, 마쓰
기와	瓦	와	瓦	와	瓦	가
크다	巨	거	巨	쥐	巨	쿄, 고
어리다	幼	유	幼	유	幼	요
달다	甘	감	甘	간	甘	칸
신선	仙	선	仙	셴	仙	센
펴다	申	신	申	선	申	신
책	冊	책	冊	처	冊	사쿠, 사쓰
셋째, 천간	丙	병	丙	빙	丙	헤이
있다	在	재	在	짜이	在	자이
있다	有	유	有	유	有	우, 유
땅	地	지	地	디	地	치, 지
온전하다	全	전	全	취안	全	젠

뜻	정자		간자		약자	
해	年	년	年	녠	年	녠
많다	多	다	多	둬	多	타
스스로	自	자	自	쯔	自	시, 지
좋다	好	호	好	하오	好	코
다니다	行	행	行	싱	行	안, 교, 코
한가지	同	동	同	퉁	同	도
이루다	成	성	成	청	成	세이, 죠
같다	如	여	如	루	如	죠, 뇨
늙다	老	로	老	라오	老	로
안하다, 말미암다	因	인	因	인	因	인
향하다	向	향	向	샹	向	쿄, 코
합하다	合	합	合	허	合	고, 가쓰
각자	各	각	各	거	各	카쿠
일백	百	백	百	바이	百	햐쿠
서쪽	西	서	西	시	西	사이, 세이
돌아가다	回	회	回	후이	回	카이
버금, 다음	次	차	次	츠	次	시, 지
먼저	先	선	先	셴	先	센
이름	名	명	名	밍	名	묘, 메이
다시	再	재	再	짜이	再	사, 사이
편안하다	安	안	安	안	安	안
한가지	共	공	共	궁	共	쿄
빛	光	광	光	광	光	코
이르다, 달하다	至	지	至	즈	至	시
거두다	收	수	收	서우	收	슈
사귀다	交	교	交	쟈오	交	코
글자	字	자	字	쯔	字	지
쌀	米	미	米	미	米	베이, 마이
빛깔	色	색	色	사이	色	시키, 쇼쿠
법	式	식	式	스	式	시키
죽다	死	사	死	쓰	死	시
일찍	早	조	早	짜오	早	소
벌이다	列	열	列	례	列	레쓰
강	江	강	江	쟝	江	코
옷	衣	의	衣	이	衣	이
존재하다	存	존	存	춘	存	손, 존
바쁘다	忙	망	忙	망	忙	보
지키다	守	수	守	서우	守	슈, 스
가득하다	充	충	充	충	充	쥬
살피다	考	고	考	카오	考	코
피	血	혈	血	쉐	血	케치, 케쓰
도장	印	인	印	인	印	인
고기	肉	육	肉	러우	肉	니쿠
위태하다	危	위	危	웨이	危	키
굽다	曲	곡	曲	취	曲	쿄쿠
귀	耳	이	耳	얼	耳	지
양	羊	양	羊	양	羊	요

뜻	정자		간자		약자	
쉬다	休	휴	休	슈	休	큐
치다, 베다	伐	벌	伐	파	伐	바쓰
대나무	竹	죽	竹	주	竹	치쿠
길하다	吉	길	吉	지	吉	키치, 키쓰
엎드리다	伏	복	伏	푸	伏	후쿠, 부쿠
형벌	刑	형	刑	싱	刑	교, 케이
붉다	朱	주	朱	주	朱	슈
우러러보다	仰	앙	仰	양	仰	교, 코
혀	舌	설	舌	서	舌	제쓰
집	宅	택	宅	자이	宅	타쿠
집	宇	우	宇	위	宇	우
절, 관청	寺	사, 시	寺	쓰	寺	지
조짐	兆	조	兆	자오	兆	쵸
나	我	아	我	워	我	가
짓다	作	작	作	쭤	作	사, 사쿠
보다	見	견	见	젠	見	켄, 겐
이롭다	利	리	利	리	利	리
자리	位	위	位	웨이	位	이
달리다	走	주	走	쩌우	走	소
완전하다	完	완	完	완	完	칸
나누다	別	별	别	볘	別	베쓰
모양	形	형	形	싱	形	교, 케이
결정하다	決	결	决	줴	決	케쓰
몸	身	신	身	선	身	신
고치다	改	개	改	가이	改	카이
수레, 차	車	차, 거	车	처	車	샤
상쾌하다, 빠르다	快	쾌	快	콰이	快	카이
꽃	花	화	花	화	花	카
살다	住	주	住	주	住	쥬
뜻	志	지	志	즈	志	시
매양	每	매	每	메이	每	마이
고치다, 다시	更	경, 갱	更	겅	更	코
연구하다	究	구	究	주	究	큐
가깝다	近	근	近	진	近	킨, 콘
어찌	何	하	何	허	何	카
걸음	步	보	步	부	步	후, 부, 호
재주	技	기	技	지	技	기
고하다	告	고	告	가오	告	코쿠
군사	兵	병	兵	빙	兵	효, 헤이
말씀	言	언	言	옌	言	겐, 곤
낮다	低	저	低	디	低	테이
발	足	족	足	쭈	足	소쿠
뿔	角	각	角	자오	角	카쿠
돕다	助	조	助	주	助	쵸
막다	防	방	防	팡	防	호, 보
바라다	希	희	希	시	希	키
마을	村	촌	村	춘	村	손
던지다	投	투	投	터우	投	토
아우	弟	제	弟	디	弟	다이, 테이
어질다	良	량	良	량	良	료
처음	初	초	初	추	初	쇼

뜻	정자		간자		약자	
고르다	均	균	均	쥔	均	킨
남자	男	남	男	난	男	난
판단하다	判	판	判	판	判	한, 반
차다	冷	랭	冷	렁	冷	레이
재목	材	재	材	차이	材	자이
임금	君	군	君	쥔	君	쿤
곤하다	困	곤	困	쿤	困	콘
아니다	否	부	否	퍼우	否	히
맞이하다	迎	영	迎	잉	迎	게이, 고
불다	吹	취	吹	추이	吹	스이
사사롭다	私	사	私	쓰	私	시
잊다	忘	망	忘	왕	忘	보
차례	序	서	序	쉬	序	죠
부처	佛	불	佛	포	佛	후쓰, 부쓰
맵다	辛	신	辛	신	辛	신
꼬리	尾	미	尾	웨이	尾	비
묘하다	妙	묘	妙	먀오	妙	묘
장하다	壯	장	壮	좡	壯	소
조개	貝	패	贝	베이	貝	하이, 바이
참다	忍	인	忍	런	忍	닌
콩	豆	두	豆	더우	豆	즈, 토
빼어나다	秀	수	秀	슈	秀	슈
알	卵	란	卵	롼	卵	란
신하	臣	신	臣	천	臣	신, 진
붉다	赤	적	赤	츠	赤	샤쿠, 세키
돕다	扶	부	扶	푸	扶	후
효도	孝	효	孝	샤오	孝	코
누이	姉	자	姉	쯔	姉	시
과녁	的	적	的	디	的	테키
오다	來	래	来	라이	來	라이
화목하다	和	화	和	허	和	오, 와
도달하다	到	도	到	다오	到	토
일	事	사	事	스	事	지, 즈
곳	所	소	所	쒀	所	쇼
길다	長	장	长	창	長	쵸
법	法	법	法	파	法	호
정하다	定	정	定	딩	定	죠
둘	兩	량	两	량	兩	료
밝다	明	명	明	밍	明	묘, 메이
부리다	使	사	使	스	使	시
만물	物	물	物	우	物	부쓰, 모쓰
알다	知	지	知	즈	知	치
겉	表	표	表	뱌오	表	효
사람	者	자	者	저	者	샤
아이	兒	아	儿	얼	兒	지
목숨	命	명	命	밍	命	묘, 메이
성품	性	성	性	싱	性	쇼, 세이
열매	果	과	果	궈	果	카
문	門	문	门	먼	門	몬
동쪽	東	동	东	둥	東	토
놓다	放	방	放	팡	放	호

뜻	정자		간자		약자	
버슬	官	관	官	관	官	칸
다투다	爭	쟁	爭	정	爭	소
가지다	取	취	取	취	取	슈
기르다	育	육	育	위	育	이쿠
곧다	直	직	直	즈	直	지키, 쵸쿠
다스리다	治	치	治	즈	治	지, 치
쇠	金	금	金	진	金	킨, 콘
받다	受	수	受	서우	受	쥬
아니다	非	비	非	페이	非	히
기름	油	유	油	유	油	유
수풀	林	림	林	린	林	린
비다	空	공	空	쿵	空	쿠
가다	往	왕	往	왕	往	오우
바꾸다, 쉽다	易	역	易	이	易	에키, 이
서울	京	경	京	징	京	쿄, 케이
옷	服	복	服	푸	服	후쿠
물	河	하	河	허	河	카, 가
같다	若	약	若	뤄	若	쟈쿠, 냐쿠
방	房	방	房	팡	房	방
붓다	住	주	住	주	住	쥬
꽃부리	英	영	英	잉	英	에이
괴롭다	苦	고	苦	쿠	苦	쿠
비로소	始	시	始	스	始	시
생각	念	념	念	녠	念	넨
무기	武	무	武	우	武	부, 무
규칙	例	례	例	리	例	레이
비	雨	우	雨	위	雨	우
굳다	固	고	固	구	固	코
밤	夜	야	夜	예	夜	야
돕다	協	협	協	셰	協	코
면하다	免	면	免	몐	免	멘
잇다	承	승	承	청	承	쇼
의지하다	依	의	依	이	依	이, 에
물결	波	파	波	보	波	하
살다	居	거	居	쥐	居	쿄
부르다	呼	호	呼	후	呼	코
손아래 누이	妹	매	妹	메이	妹	마이
맛	味	미	味	웨이	味	메
소나무	松	송	松	쑹	松	쇼
계절	季	계	季	지	季	키
가지	枝	지	枝	즈	枝	시
마루	宗	종	宗	쭝	宗	슈, 소
부르다	招	초	招	자오	招	쇼
가게	店	점	店	뎬	店	텐
다행	幸	행	幸	싱	幸	코
아내	妻	처	妻	치	妻	사이
안다	抱	포	抱	바오	抱	호
호랑이	虎	호	虎	후	虎	코
문서	券	권	券	쥐안	券	칸, 켄
잔	杯	배	杯	베이	杯	하이
성	姓	성	姓	싱	姓	쇼우, 세이

뜻	정자		간자		약자	
법	典	전	典	뎬	典	텐
저기	彼	피	彼	비	彼	히
받들다	奉	봉	奉	펑	奉	부, 호
집	舍	사	舍	서	舍	샤
아저씨	叔	숙	叔	수	叔	슈쿠
충성	忠	충	忠	중	忠	츄
집	宙	주	宙	저우	宙	츄
울다	泣	읍	泣	치	泣	큐
옛날	昔	석	昔	시	昔	샤쿠, 세키
군사, 마치다	卒	졸	卒	추	卒	소쓰
옳다	是	시	是	스	是	제
중요하다	要	요	要	야오	要	요
살다	活	활	活	훠	活	카쓰
얼굴	面	면	面	몐	面	멘
뒤	後	후	后	허우	後	고
보다	看	간	看	칸	看	칸
앞	前	전	前	쳰	前	젠
다스리다	政	정	政	정	政	쇼, 세이
법도	度	도	度	두	度	도
무겁다	重	중	重	충	重	쥬
서로	相	상	相	샹	相	쇼, 소
편하다	便	편	便	삔	便	빈, 벤
군사	軍	군	军	쥔	軍	군
세우다	建	건	建	젠	建	켄, 콘
가죽	革	혁	革	거	革	카쿠
아름답다	美	미	美	메이	美	비
남쪽	南	남	南	난	南	난
셈하다	計	계	計	지	計	케이
경계	界	계	界	제	界	카이
바다	海	해	海	하이	海	카이
생각	思	사	思	쓰	思	시
물건	品	품	品	핀	品	혼, 힌
가리키다	指	지	指	즈	指	시
과목	科	과	科	커	科	카
지키다	保	보	保	바오	保	호
법칙, 곧	則	칙, 즉	則	쩌	則	소쿠
믿다	信	신	信	신	信	신
살피다	省	성	省	성	省	쇼, 세이
바람	風	풍	风	펑	風	후
가지다	持	지	持	츠	持	지
맞다	約	약	约	웨	約	야쿠
구신	神	신	神	선	神	신
심하다	甚	심	甚	선	甚	진
날다	飛	비	飞	페이	飛	히
밥	食	식	食	스	食	쇼쿠, 시
머리	首	수	首	서우	首	슈
연고	故	고	故	구	故	코
풀	草	초	草	차오	草	소
보내다	送	송	送	쑹	送	소
소리	音	음	音	인	音	온, 인
큰바다	洋	양	洋	양	洋	요

뜻	정자	간자	약자
붉다	紅 홍	紅 홍	紅 코
도읍	城 성	城 청	城 죠
손님	客 객	客 커	客 캬쿠, 카쿠
집	屋 옥	屋 우	屋 오쿠
법칙	律 률	律 뤼	律 리쓰
베풀다	施 시	施 스	施 시
급하다	急 급	急 지	急 큐
별	星 성	星 싱	星 쇼, 세이
제왕	帝 제	帝 디	帝 테이
기다리다	待 대	待 다이	待 타이
봄	春 춘	春 춘	春 슌
한정하다	限 한	限 헌	限 겐
방	室 실	室 스	室 시쓰
향기	香 향	香 샹	香 코, 쿄
물러나다	退 퇴	退 투이	退 타이
할아버지	祖 조	祖 쭈	祖 소
위엄	威 위	威 웨이	威 이
마을	洞 동	洞 둥	洞 도
씻다	洗 세	洗 시	洗 센
어제	昨 작	昨 쭤	昨 사쿠
절하다	拜 배	拜 바이	拜 하이
가을	秋 추	秋 추	秋 슈
두텁다	厚 후	厚 허우	厚 코
쫓다	追 추	追 주이	追 쓰이
모두	皆 개	皆 제	皆 카이
날래다	勇 용	勇 용	勇 유
한	恨 한	恨 센	恨 콘
임금	皇 황	皇 황	皇 코, 오
성내다	怒 노	怒 누	怒 도
풍속	俗 속	俗 쑤	俗 조쿠
기원하다	祝 축	祝 주	祝 슈쿠
열, 줍다	拾 십, 습	拾 스	拾 쥬, 슈
버들	柳 류	柳 류	柳 류
샘	泉 천	泉 취안	泉 센
부드럽다	柔 유	柔 러우	柔 쥬, 뉴
슬프다	哀 애	哀 아이	哀 아이
원망	怨 원	怨 위안	怨 엔
거스르다	逆 역	逆 니	逆 갸쿠
낱	個 개	个 거	個 코
때	時 시	时 스	時 시, 지
능하다	能 능	能 넝	能 노
집	家 가	家 자	家 카, 케
일어나다	起 기	起 치	起 키
높다	高 고	高 가오	高 코
기운	氣 기	气 치	気 키
근원	原 원	原 위안	原 겐
펴다	展 전	展 잔	展 텐
통하다	通 통	通 퉁	通 쓰
화려하다	華 화	华 화	華 카
특별	特 특	特 터	特 토쿠
글	書 서	书 수	書 쇼
말	馬 마	马 마	馬 메, 바
짓다	造 조	造 짜오	造 조
흐르다	流 류	流 류	流 류, 루
기록하다	記 기	记 지	記 키
뿌리	根 근	根 건	根 콘
헤아리다	料 료	料 랴오	料 료
이어지다	連 련	连 렌	連 렌
스승	師 사	师 스	師 시
학교	校 교	校 샤오	校 쿄, 코
자리	席 석	席 시	席 세키
질병	病 병	病 빙	病 뵤
웃다	笑 소	笑 샤오	笑 쇼
덜다	除 제	除 추	除 조
빠르다	速 속	速 쑤	速 소쿠
해롭다	害 해	害 하이	害 가이
없애다	消 소	消 샤오	消 쇼
깨뜨리다	破 파	破 포	破 하
얼굴	容 용	容 룽	容 요
닦다	修 수	修 슈	修 슈
본받다	效 효	效 샤오	效 코
머물다	留 류	留 류	留 류, 로
도달하다	致 치	致 즈	致 치
재물	財 재	财 차이	財 자이
나그네	旅 려	旅 뤼	旅 료
더하다	益 익	益 이	益 에키, 야쿠
본디	素 소	素 쑤	素 소
은혜	恩 은	恩 언	恩 온
술	酒 주	酒 주	酒 슈
내리다	降 강	降 장	降 코
책상	案 안	案 안	案 안
종이	紙 지	纸 즈	紙 시
빌리다	借 차	借 제	借 샤쿠
죽이다	殺 살	杀 사	殺 사이, 사쓰
쏘다	射 사	射 서	射 샤
바늘	針 침	针 전	針 신
맵다	烈 렬	烈 례	烈 레쓰
가르치다	訓 훈	训 쉰	訓 쿤
여름	夏 하	夏 샤	夏 카, 게
뼈	骨 골	骨 구	骨 코쓰
손자	孫 손	孙 쑨	孫 손
뜰	庭 정	庭 팅	庭 테이
섬	島 도	岛 다오	島 토
약하다	弱 약	弱 뤄	弱 자쿠
무리	徒 도	徒 투	徒 토
물결	浪 랑	浪 랑	浪 로
순수하다	純 순	纯 춘	純 준
타다	乘 승	乘 성	乘 조
밭갈다	耕 경	耕 경	耕 코
깨닫다	悟 오	悟 우	悟 고
크다	泰 태	泰 타이	泰 타이
뜨다	浮 부	浮 푸	浮 후

뜻	정자		간자		약자	
가슴	胸	흉	胸	슝	胸	쿄
심다	栽	재	栽	짜이	栽	사이
힘쓰다	勉	면	勉	몐	勉	벤
잠자다	眠	면	眠	몐	眠	멘
목욕	浴	욕	浴	위	浴	요쿠
나라	國	국	国	궈	国	코쿠
얻다	得	득	得	더	得	요쿠
움직이다	動	동	动	둥	動	도
도읍	都	도	都	두	都	토
나아가다	進	진	进	진	進	신
입다	着	착	着	줘	着	차쿠
떼	部	부	部	부	部	부
묻다	問	문	问	원	問	몬
따르다	從	종	从	충	從	쇼, 쥬
나타나다	現	현	现	셴	現	겐
나타나다	著	저	著	주	著	초, 차쿠
다스리다	理	리	理	리	理	리
차례	第	제	第	디	第	다이
장수	將	장	将	장	将	쇼
뜻	情	정	情	칭	情	죠
항상	常	상	常	창	常	죠
접붙이다	接	접	接	제	接	세쓰
베풀다	設	설	设	서	設	세쓰
허락하다	許	허	许	쉬	許	쿄
힘쓰다	務	무	务	우	務	무
터	基	기	基	지	基	키
깊다	深	심	深	선	深	신
곳	處	처	处	추	処	쇼
눈	眼	안	眼	옌	眼	간
바라다	望	망	望	왕	望	보
장사	商	상	商	상	商	쇼
익히다	習	습	习	시	習	쇼
삼, 참여하다	參	삼, 참	参	선, 찬	参	산, 신
혼인하다	婚	혼	婚	훈	婚	콘
공	球	구	球	추	球	큐
가늘다	細	세	细	시	細	사이
밀다	推	추	推	투이	推	스이
겨레	族	족	族	쭈	族	조쿠
배	船	선	船	촨	船	센
물고기	魚	어	鱼	위	魚	교
아내	婦	부	妇	푸	婦	후
누렇다	黃	황	黄	황	黄	코
보다	視	시	视	스	視	시
꾸짖다	責	책	责	쩌	責	사쿠, 세키
빽빽하다	密	밀	密	미	密	미쓰
재물	貨	화	货	훠	貨	카
구원하다	救	구	救	주	救	큐
마치다	終	종	终	중	終	슈
머무르다	停	정	停	팅	停	테이
글	章	장	章	장	章	쇼
정수리	頂	정	顶	딩	頂	초

뜻	정자		간자		약자	
거짓	假	가	假	쟈	仮	카, 케
찾다	訪	방	访	팡	訪	호
들	野	야	野	예	野	야
보리	麥	맥	麦	마이	麦	바쿠
부르다	唱	창	唱	창	唱	쇼
나물	菜	채	菜	차이	菜	사이
집	堂	당	堂	탕	堂	도
옮기다	移	이	移	이	移	이
다르다	異	이	异	이	異	이
벗다	脫	탈	脱	퉈	脱	다쓰
집다	執	집	执	즈	執	시쓰, 슈
가난하다	貧	빈	贫	핀	貧	힌, 빈
패하다	敗	패	败	바이	敗	하이
섞이다	混	혼	混	훈	混	콘
찾다	探	탐	探	탄	探	탄
융성하다	盛	성	盛	성	盛	조, 세이
새	鳥	조	鸟	냐오	鳥	초
땅	陸	륙	陆	루	陸	리쿠
그늘	陰	음	阴	인	陰	인
바라다	欲	욕	欲	위	欲	요쿠
닫다	閉	폐	闭	비	閉	헤이
오직	唯	유	唯	웨이	唯	유이
눈	雪	설	雪	쉐	雪	세쓰
깨끗하다	淨	정	净	징	浄	조
얕다	淺	천	浅	첸	浅	센
비다	虛	허	虚	쉬	虚	쿄, 코
아끼다	惜	석	惜	시	惜	세키
공급하다	授	수	授	서우	授	주
근심	患	환	患	환	患	칸
자다	宿	숙	宿	쑤	宿	슈쿠
서늘하다	凉	량	凉	량	凉	료
낮	晝	주	昼	저우	昼	츄
높이다	崇	숭	崇	충	崇	스
제사	祭	제	祭	지	祭	사이
나아가다	就	취	就	주	就	슈, 주
길	道	도	道	다오	道	도
피다	發	발	发	파	発	하쓰, 호쓰
지나다	過	과	过	궈	過	카
등급	等	등	等	덩	等	토
없다	無	무	无	우	無	부, 무
그러하다	然	연	然	란	然	젠, 렌
사이	間	간	间	젠	間	칸, 켄
헤아리다	量	량	量	량	量	료
몇	幾	기	几	지	幾	키
가장	最	최	最	쭈이	最	사이
맺다	結	결	结	제	結	케치, 케쓰
주다	給	급	给	지	給	큐
기약하다	期	기	期	치	期	키, 코
일만	萬	만	万	완	万	반, 만
갚다	報	보	报	바오	報	호
옮기다	運	운	运	윈	運	운

뜻	정자		간자		약자	
다하다	極	극	极	지	極	고쿠, 코쿠
합하다	統	통	统	퉁	統	토
일하다	勞	로	劳	라오	労	로
마당	場	장	场	창	場	죠
통하다	達	달	达	다	達	다치
홑	單	단	单	단	單	탄
모름지기	須	수	须	쉬	須	슈, 스
갖추다	備	비	备	베이	備	비
모이다	集	집	集	지	集	슈
이기다	勝	승	胜	성	勝	쇼
놀다	遊	유	游	유	遊	유
기쁘다	喜	희	喜	시	喜	키
떨어지다	落	락	落	뤄	落	라쿠
검다	黑	흑	黑	헤이	黑	코쿠
사다	買	매	买	마이	買	바이
굳세다	堅	견	坚	젠	堅	켄
볕	陽	양	阳	양	陽	요
부자	富	부	富	푸	富	후
답하다	答	답	答	다	答	토
날리다	揚	양	扬	양	揚	요
잎	葉	엽	叶	예	葉	요
아침	朝	조	朝	차오	朝	쵸
구름	雲	운	云	윈	雲	운
감히	敢	감	敢	간	敢	칸
원	圓	원	圆	위안	円	엔
그림	畫	화	画	화	画	가, 가쿠
덜다	減	감	减	젠	減	겐
짧다	短	단	短	돤	短	탄
밥	飯	반	饭	판	飯	한
착하다	善	선	善	산	善	젠
아이	童	동	童	퉁	童	도
흩어지다	散	산	散	싼	散	산
악	惡	악	恶	어	悪	아쿠
귀하다	貴	귀	贵	구이	貴	키
심다	植	식	植	즈	植	쇼쿠
오르다	登	등	登	덩	登	토
공경하다	敬	경	敬	징	敬	케이
경치	景	경	景	징	景	케이
위대하다	偉	위	伟	웨이	偉	이
만나다	遇	우	遇	위	遇	구
순하다	順	순	顺	순	順	쥰
붓	筆	필	笔	비	筆	히쓰
거리	街	가	街	제	街	카이, 가이
호수	湖	호	湖	후	湖	코
수컷	雄	웅	雄	슝	雄	유
세금	稅	세	税	수이	税	제이
춥다	寒	한	寒	한	寒	칸
높다	尊	존	尊	쭌	尊	손
차례	番	번	番	판	番	반
부지런하다	勤	근	勤	친	勤	킨, 콘
축하	賀	하	贺	허	賀	가

뜻	정자		간자		약자	
슬프다	悲	비	悲	베이	悲	히
죽다	喪	상	丧	쌍	喪	소
한가하다	閑	한	闲	셴	閑	칸
은혜	惠	혜	惠	후이	恵	헤이
개다	晴	청	晴	칭	晴	세이
더위	暑	서	暑	수	暑	쇼
쌓다	貯	저	贮	주	貯	쵸
모이다	會	회	会	후이	会	카이
글	經	경	经	징	経	킨, 쿄
새롭다	新	신	新	신	新	신
번개	電	전	电	덴	電	덴
일	業	업	业	예	業	교, 고
마땅	當	당	当	당	当	토
옳다	義	의	义	이	義	기
뜻	意	의	意	이	意	이
생각	想	상	想	샹	想	소
이야기	話	화	话	화	話	와
더불어	與	여	与	위	与	요
길	路	로	路	루	路	로
농사	農	농	农	눙	農	노
풀다	解	해	解	제	解	카이, 게
사랑	愛	애	爱	아이	愛	아이
이름	號	호	号	하오	号	고
마디	節	절	节	제	節	세쓰
전하다	傳	전	传	촨	伝	덴
기세	勢	세	势	스	勢	세
멀다	遠	원	远	위안	遠	엔
느끼다	感	감	感	간	感	칸
따뜻하다	溫	온	温	원	温	온
시험	試	시	试	스	試	시
가득차다	滿	만	满	만	満	만
해	歲	세	岁	쑤이	歳	사이, 세이
연기	煙	연	烟	옌	煙	엔
상처	傷	상	伤	상	傷	쇼
복	福	복	福	푸	福	후쿠
한나라	漢	한	汉	한	漢	칸
허물	罪	죄	罪	쭈이	罪	자이
어둡다	暗	암	暗	안	暗	안
동산	園	원	园	위안	園	엔
시	詩	시	诗	스	詩	시
금하다	禁	금	禁	진	禁	킨
성인	聖	성	圣	성	聖	세이
따뜻하다	暖	난	暖	난	暖	단
정성	誠	성	诚	청	誠	세이
근심	愁	수	愁	처우	愁	슈
사랑	慈	자	慈	츠	慈	지
말씀	說	설	说	쉬	説	세쓰
대하다	對	대	对	두이	対	타이
씨	種	종	种	중	種	슈
열매	實	실	实	스	実	지쓰
거느리다	領	령	领	링	領	료

뜻	정자	간자	약자
인정하다	認 인	认 런	認 닌
그림	圖 도	图 투	図 즈, 토
계산	算 산	算 쏸	算 산
넓다	廣 광	广 광	広 코
깨끗하다	精 정	精 징	精 쇼, 세이
은	銀 은	银 인	銀 긴
다하다	盡 진	尽 진	尽 진
가볍다	輕 경	轻 칭	軽 킨, 케이
알맞다	適 적	适 스	適 테키
끝	端 단	端 돤	端 탄
듣다	聞 문	闻 원	聞 몬
말씀	語 어	语 위	語 고
살피다	察 찰	察 차	察 사쓰
익히다	練 련	练 롄	練 렌
그르치다	誤 오	误 우	誤 고
노래	歌 가	歌 거	歌 카
푸르다	綠 록	绿 루	緑 로쿠, 료쿠
영화	榮 영	荣 룽	栄 에이
곡식	穀 곡	谷 구	穀 코쿠
먹	墨 묵	墨 모	墨 보쿠
울다	鳴 명	鸣 밍	鳴 메이
코	鼻 비	鼻 비	鼻 비
물고기잡다	漁 어	渔 위	漁 교, 료
목숨	壽 수	寿 서우	寿 주
저물다	暮 모	暮 무	暮 보
논하다	論 론	论 룬	論 론
세다	數 수	数 수	数 스
줄	線 선	线 셴	線 센
바탕	質 질	质 즈	質 시치, 시쓰
열	熱 열	热 러	熱 네쓰
늘어나다	增 증	增 쩡	増 조
고르다	調 조	调 타오	調 초
청하다	請 청	请 칭	請 신, 세이
덕	德 덕	德 더	德 토쿠
말씀	談 담	谈 탄	談 단
가리다	選 선	选 쉬안	選 센
값	價 가	价 자	価 카
기르다	養 양	养 양	養 요
즐겁다	樂 락	乐 러	楽 가쿠, 라쿠
원수	敵 적	敌 디	敵 테키
누구	誰 수	谁 세이	誰 스이
팔다	賣 매	卖 마이	売 바이, 마이
모두	諸 제	诸 주	諸 쇼
과정	課 과	课 커	課 카
억	億 억	亿 이	億 오쿠
춤추다	舞 무	舞 우	舞 부
이	齒 치	齿 츠	歯 시
경사	慶 경	庆 칭	慶 케이
사납다	暴 폭	暴 푸	暴 보
깨끗하다	潔 결	洁 제	潔 케쓰
남기다	遺 유	遗 이	遺 유이
상	賞 상	赏 상	賞 쇼
근심	憂 우	忧 유	憂 유
배우다	學 학	学 쉐	学 가쿠
머리	頭 두	头 터우	頭 토
싸우다	戰 전	战 잔	戦 센
친하다	親 친	亲 친	親 신
나무	樹 수	树 수	樹 주
돈	錢 전	钱 첸	銭 센
일어나다	興 흥	兴 싱	興 코
여유	餘 여	余 위	余 요
홀로	獨 독	独 두	独 도쿠
다리	橋 교	桥 차오	橋 교
등잔	燈 등	灯 덩	灯 토
고요하다	靜 정	静 징	静 조, 세이
생각하다	憶 억	忆 이	憶 요쿠
응하다	應 응	应 잉	応 오
소리	聲 성	声 성	声 쇼, 세이
배우다	講 강	讲 장	講 코
옛	舊 구	旧 주	旧 큐
곱다, 신선하다	鮮 선	鲜 셴	鮮 센
사례하다	謝 사	谢 셰	謝 샤
관계	關 관	关 관	関 칸
제목	題 제	题 티	題 다이
어렵다	難 난	难 난	難 난
의원	醫 의	医 이	医 이
재주	藝 예	艺 이	芸 게이
돌아오다	歸 귀	归 구이	帰 키
벌레	蟲 충	虫 충	虫 추
약	藥 약	药 야오	薬 야쿠
예절	禮 례	礼 리	礼 레이
풍년	豊 풍	丰 펑	豊 부, 호
알다	識 식	识 스	識 시키
증거	證 증	证 정	証 쇼
원하다	願 원	愿 위안	願 간
권하다	勸 권	劝 취안	勧 칸
의논하다	議 의	议 이	議 기
엄하다	嚴 엄	严 옌	厳 겐
쇠북	鐘 종	钟 중	鐘 쇼
겨루다	競 경	竞 징	競 케이
권세	權 권	权 취안	権 켄, 곤
쇠	鐵 철	铁 테	鉄 테쓰
잇다	續 속	续 쉬	続 쇼쿠, 조쿠
기쁘하다	歡 환	欢 환	歓 칸
이슬	露 로	露 루	露 로
듣다	聽 청	听 팅	聴 초
읽다	讀 독	读 두	読 토, 도쿠
놀라다	驚 경	惊 징	驚 쿄
몸	體 체	体 티	体 테이, 타이
변하다	變 변	变 벤	変 헨
보다	觀 관	观 관	観 칸
사양하다	讓 양	让 랑	譲 조

一					一 이 一 이치	一		
하나　**일**								

乙	乙	乙	乙	乙	乙 이 乙 오쓰	乙 乙		
새,둘　**을**								

人	人	人	人	人	人 렌 人 진.닌	人 人		
사람　**인**								

十	十	十	十	十	十 시 十 주	十 十		
열　**십**								

二	二	二	二	二	二 얼 二 니	二 二		
둘　**이**								

又 또 **우**	又	又	又	又	又 유 又 마다(훈독)	又 又
力 힘 **력**	力	力	力	力	力 리 力 리키,료쿠	力 力
九 아홉 **구**	九	九	九	九	九 주 九 큐,쿠	九 九
八 여덟 **팔**	八	八	八	八	八 바 八 하치	八 八
七 일곱 **칠**	七	七	七	七	七 치 七 시치	七 七

| 入 | 入 | 入 | 入 | 入 | 入 루 入 뉴 | 入 | | |
| 들어가다 **입** | | | | | | | | |

| 刀 | 刀 | 刀 | 刀 | 刀 | 刀 다오 刀 토 | 刀 刀 | | |
| 칼 **도** | | | | | | | | |

| 丁 | 丁 | 丁 | 丁 | 丁 | 丁 딩 丁 쵸,테이 | 丁 丁 | | |
| 장정 **정** | | | | | | | | |

| 上 | 上 | 上 | 上 | 上 | 上 상 上 쇼,죠 | 上 上 | | |
| 위 **상** | | | | | | | | |

| 大 | 大 | 大 | 大 | 大 | 大 다 大 타이,다이 | 大 大 | | |
| 크다 **대** | | | | | | | | |

| 子 | 子 子 子 子 | 子 / 쯔 / 子 / 시 | 子 / 子 | | |
| 아들 **자** | | | | | |

| 小 | 小 小 小 小 | 小 / 샤오 / 小 / 쇼 | 小 / 小 | | |
| 작다 **소** | | | | | |

| 下 | 下 下 下 下 | 下 / 샤 / 下 / 카,게 | 下 / 下 | | |
| 아래 **하** | | | | | |

| 工 | 工 工 工 工 | 工 / 궁 / 工 / 코 | 工 / 工 | | |
| 장인 **공** | | | | | |

| 三 | 三 三 三 三 | 三 / 싼 / 三 / 산 | 三 / 三 | | |
| 셋 **삼** | | | | | |

口
커우
口
쿠,코
입   구

己
지
己
키,코
몸   기

女
뉘
女
죠
여자   녀

山
산
山
센
산   산

巳
이
巳
이
이미   이

| 及 | | | | | 及
지 | 及 | | |
| 이르다 **급** | | | | | 及
큐 | 及 | | |

| 才 | | | | | 才
차이 | 才 | | |
| 재주 **재** | | | | | 才
사이, 자이 | 才 | | |

| 千 | | | | | 千
첸 | 千 | | |
| 일천 **천** | | | | | 千
센 | 千 | | |

| 土 | | | | | 土
투 | 土 | | |
| 흙 **토** | | | | | 土
토, 도 | 土 | | |

| 士 | | | | | 士
스 | 士 | | |
| 선비 **사** | | | | | 士
시 | 士 | | |

久					久	久		
					주			
오래 **구**					久 쿠,큐	久		

凡					凡	凡		
					판			
평범하다 **범**					凡 한,본	凡		

亡					亡	亡		
					왕			
망하다 **망**					亡 보,모	亡		

寸					寸	寸		
					춘			
마디 **촌**					寸 슨	寸		

川					川	川		
					찬			
시내 **천**					川 센	川		

弓					弓 궁	弓		
활 궁					弓 큐	弓		

夕					夕 시	夕		
저녁 석					夕 세키	夕		

不					不 부	不		
아니다 불					不 후,부	不		

中					中 중	中		
가운데 중					中 츄	中		

天					天 텐	天		
하늘 천					天 텐	天		

太 크다 **태**	太 太 太 太	太 타이 太 타,타이	太 太		
日 날 **일**	日 日 日 日	日 르 日 니치	日 日		
方 방위,수단 **방**	方 方 方 方	方 팡 方 호	方 方		
分 나누다 **분**	分 分 分 分	分 펀 分 훈,분	分 分		
五 다섯 **오**	五 五 五 五	五 우 五 고	五 五		

心	心	心	心	心	心 신	心		
					心 신	心		
마음 **심**								

水	水	水	水	水	水 수이	水		
					水 스이	水		
물 **수**								

月	月	月	月	月	月 웨	月		
					月 가쓰, 게쓰	月		
달 **월**								

化	化	化	化	化	化 화	化		
					化 카, 케	化		
되다 **화**								

比	比	比	比	比	比 비	比		
					比 히	比		
견주다 **비**								

公
공평하다 공
궁
코.쿠

內
안 내
네이
나이.다이

今
이제 금
진
킨.콘

手
손 수
서우
슈

六
여섯 육
류
로쿠

反	反	反	反	反	反 / 판 / 反 / 한,탄	反 / 反		
돌이키다 **반**								
少	少	少	少	少	少 / 사오 / 少 / 쇼	少 / 少		
적다 **소**								
文	文	文	文	文	文 / 원 / 文 / 분	文 / 文		
글월 **문**								
夫	夫	夫	夫	夫	夫 / 푸 / 夫 / 후	夫 / 夫		
남편, 사내 **부**								
火	火	火	火	火	火 / 화 / 火 / 카	火 / 火		
불 **화**								

| 元 | 元 | 元 | 元 | 元 | 元 위안 / 元 간, 겐 | 元 | | |
| 으뜸 원 | | | | | | 元 | | |

| 毛 | 毛 | 毛 | 毛 | 毛 | 毛 마오 / 毛 모 | 毛 | | |
| 털 모 | | | | | | 毛 | | |

| 王 | 王 | 王 | 王 | 王 | 王 왕 / 王 오 | 王 | | |
| 임금 왕 | | | | | | 王 | | |

| 友 | 友 | 友 | 友 | 友 | 友 유 / 友 유 | 友 | | |
| 벗 우 | | | | | | 友 | | |

| 支 | 支 | 支 | 支 | 支 | 支 즈 / 支 시 | 支 | | |
| 지탱하다 지 | | | | | | 支 | | |

| 片 | 片 | 片 | 片 | 片 | 片
편 | 片 | |
| 조각 **편** | | | | | 片
헨 | 片 | |

| 木 | 木 | 木 | 木 | 木 | 木
무 | 木 | |
| 나무 **목** | | | | | 木
모쿠, 보쿠 | 木 | |

| 引 | 引 | 引 | 引 | 引 | 引
인 | 引 | |
| 끌다 **인** | | | | | 引
인 | 引 | |

| 止 | 止 | 止 | 止 | 止 | 止
즈 | 止 | |
| 그치다 **지** | | | | | 止
시 | 止 | |

| 父 | 父 | 父 | 父 | 父 | 父
푸 | 父 | |
| 아버지 **부** | | | | | 父
후 | 父 | |

| 尺 | | | | | 尺 | 尺 | | |
| 자,길이 **척** | | | | | 처 / 尺 / 샤쿠 | | | |

| 午 | | | | | 午 | 午 | | |
| 낮 **오** | | | | | 우 / 午 / 고 | | | |

| 牛 | | | | | 牛 | 牛 | | |
| 소 **우** | | | | | 뉴 / 牛 / 규 | | | |

| 戶 | | | | | 戶 | 戶 | | |
| 집,문 **호** | | | | | 후 / 戶 / 코 | | | |

| 氏 | | | | | 氏 | 氏 | | |
| 성 **씨** | | | | | 스 / 氏 / 시 | | | |

| 井 | 井 | 井 | 井 | 井 | 井
징 | 井 | | |
| 우물　정 | | | | | 井
쇼,세이 | 井 | | |

| 丹 | 丹 | 丹 | 丹 | 丹 | 丹
단 | 丹 | | |
| 붉다　단 | | | | | 丹
탄 | 丹 | | |

| 仁 | 仁 | 仁 | 仁 | 仁 | 仁
련 | 仁 | | |
| 어질다　인 | | | | | 仁
진 | 仁 | | |

| 凶 | 凶 | 凶 | 凶 | 凶 | 凶
슝 | 凶 | | |
| 흉하다　흉 | | | | | 凶
쿄 | 凶 | | |

| 匹 | 匹 | 匹 | 匹 | 匹 | 匹
피 | 匹 | | |
| 짝　필 | | | | | 匹
히쓰 | 匹 | | |

| 犬 | 犬 | 犬 | 犬 | 犬 | 犬
취안 | 犬 | | |
| 개　**견** | | | | | 犬
켄 | 犬 | | |

| 他 | 他 | 他 | 他 | 他 | 他
타 | 他 | | |
| 다르다　**타** | | | | | 他
타 | 他 | | |

| 以 | 以 | 以 | 以 | 以 | 以
이 | 以 | | |
| 그럼으로써　**이** | | | | | 以
이 | 以 | | |

| 可 | 可 | 可 | 可 | 可 | 可
커 | 可 | | |
| 가능하다,
옳다　**가** | | | | | 可
카 | 可 | | |

| 生 | 生 | 生 | 生 | 生 | 生
성 | 生 | | |
| 태어나다　**생** | | | | | 生
쇼,세이 | 生 | | |

出	出	出	出	出	出 추 / 出 슈쓰	出 出	
나가다 **출**							

主	主	主	主	主	主 주 / 主 슈	主 主	
주인 **주**							

用	用	用	用	用	用 융 / 用 요	用 用	
쓰다 **용**							

去	去	去	去	去	去 취 / 去 쿄	去 去	
가다 **거**							

民	民	民	民	民	民 민 / 民 민	民 民	
백성 **민**							

本	本	本	本	本	本 번 本 혼	本 本		
근본 **본**								
外	外	外	外	外	外 와이 外 가이	外 外		
바깥 **외**								
加	加	加	加	加	加 자 加 카	加 加		
더하다 **가**								
四	四	四	四	四	四 쓰 四 시	四 四		
넷 **사**								
正	正	正	正	正	正 정 正 세,쇼	正 正		
바르다 **정**								

| 由 | 由 | 由 | 由 | 由 | 由
유
由
유 | 由 | | |
| 말미암다 **유** | | | | | | | | |

| 平 | 平 | 平 | 平 | 平 | 平
핑
平
효 | 平 | | |
| 평평하다 **평** | | | | | | | | |

| 代 | 代 | 代 | 代 | 代 | 代
다이
代
다이 | 代
代 | | |
| 대신하다 **대** | | | | | | | | |

| 白 | 白 | 白 | 白 | 白 | 白
바이
白
하쿠, 뱌쿠 | 白
白 | | |
| 희다 **백** | | | | | | | | |

| 立 | 立 | 立 | 立 | 立 | 立
리
立
리츠, 류 | 立
立 | | |
| 서다 **립** | | | | | | | | |

打	打	打	打	打	打 다 打 다	打 打		
때리다 **타**								

北	北	北	北	北	北 베이 北 하쿠	北 北		
북쪽 **북**								

世	世	世	世	世	世 스 世 세	世 世		
세상, 세대 **세**								

必	必	必	必	必	必 비 必 히쓰	必 必		
반드시 **필**								

目	目	目	目	目	目 무 目 모쿠, 보쿠	目 目		
눈 **목**								

| 市 | 市 | 市 | 市 | 市 | 市
스
市
시 | 市 | | |
| 저자, 시장 **시** | | | | | | 市 | | |

| 且 | 且 | 且 | 且 | 且 | 且
쥐
且
쇼 | 且 | | |
| 또 **차** | | | | | | 且 | | |

| 布 | 布 | 布 | 布 | 布 | 布
부
布
후 | 布 | | |
| 베 **포** | | | | | | 布 | | |

| 石 | 石 | 石 | 石 | 石 | 石
스
石
고쿠, 샤쿠, 세키 | 石 | | |
| 돌 **석** | | | | | | 石 | | |

| 母 | 母 | 母 | 母 | 母 | 母
무
母
보, 모 | 母 | | |
| 엄마 **모** | | | | | | 母 | | |

| 未 | 未 未 未 未 | 未
웨이
未
비,미 | 未
未 |
| 아니다 **미** | | | |

| 半 | 半 半 半 半 | 半
반
半
한 | 半
半 |
| 절반 **반** | | | |

| 示 | 示 示 示 示 | 示
스
示
시,지 | 示
示 |
| 보이다 **시** | | | |

| 古 | 古 古 古 古 | 古
구
古
코 | 古
古 |
| 오래되다 **고** | | | |

| 史 | 史 史 史 史 | 史
스
史
시 | 史
史 |
| 역사 **사** | | | |

失 잃다 **실**	失	失	失	失	失 스 失 시쓰 / 失 失
功 공로 **공**	功	功	功	功	功 궁 功 쿠,코 / 功 功
田 밭 **전**	田	田	田	田	田 텐 田 덴 / 田 田
皮 가죽 **피**	皮	皮	皮	皮	皮 피 皮 히 / 皮 皮
令 명령,하여금 **령**	令	令	令	令	令 링 令 료,레이 / 令 令

左	左	左	左	左	左 쭤 / 左 사	左		
왼쪽 **좌**								

句	句	句	句	句	句 쥐 / 句 쿠	句		
글귀 **구**								

右	右	右	右	右	右 유 / 右 우,유	右		
오른쪽 **우**								

玉	玉	玉	玉	玉	玉 위 / 玉 교쿠	玉		
구슬 **옥**								

冬	冬	冬	冬	冬	冬 둥 / 冬 토	冬		
겨울 **동**								

兄					兄 슝	兄		
	兄	兄	兄	兄	兄 쿄,케이	兄		
형 **형**								

永					永 융	永		
	永	永	永	永	永 에이	永		
길다 **영**								

甲					甲 자	甲		
	甲	甲	甲	甲	甲 칸,코	甲		
갑옷 **갑**								

末					末 모	末		
	末	末	末	末	末 바쓰,마쓰	末		
끝 **말**								

瓦					瓦 와	瓦		
	瓦	瓦	瓦	瓦	瓦 가	瓦		
기와 **와**								

巨	巨	巨	巨	巨	巨 쥐 / 巨 쿄,고	巨 / 巨		
크다　거								

幼	幼	幼	幼	幼	幼 유 / 幼 요	幼 / 幼		
어리다　유								

甘	甘	甘	甘	甘	甘 간 / 甘 칸	甘 / 甘		
달다　감								

仙	仙	仙	仙	仙	仙 셴 / 仙 셴	仙 / 仙		
신선　선								

申	申	申	申	申	申 선 / 申 신	申 / 申		
펴다　신								

册	册	册	册	册	册 처 册 사쿠, 사쓰	册		
책 **책**						册		

丙	丙	丙	丙	丙	丙 빙 丙 헤이	丙		
셋째, 천간 **병**						丙		

在	在	在	在	在	在 짜이 在 자이	在		
있다 **재**						在		

有	有	有	有	有	有 유 有 우, 유	有		
있다 **유**						有		

地	地	地	地	地	地 디 地 치, 지	地		
땅 **지**						地		

全	全	全	全	全	全 취안 / 全 젠	全		
온전하다 전						全		
年	年	年	年	年	年 녠 / 年 녠	年		
해 년						年		
多	多	多	多	多	多 둬 / 多 타	多		
많다 다						多		
自	自	自	自	自	自 쯔 / 自 시,지	自		
스스로 자						自		
好	好	好	好	好	好 하오 / 好 코	好		
좋다 호						好		

行 다니다 행	行	行	行	行	行 싱 行 안,교,코	行 行		
同 한가지 동	同	同	同	同	同 퉁 同 도	同 同		
成 이루다 성	成	成	成	成	成 청 成 세이,죠	成 成		
如 같다 여	如	如	如	如	如 루 如 죠,뇨	如 如		
老 늙다 로	老	老	老	老	老 라오 老 로	老 老		

| 因 | 因 | 因 | 因 | 因 | 因 인 / 因 인 | 因 | | |
| 인하다 말미암다 **인** | | | | | | | | |

| 向 | 向 | 向 | 向 | 向 | 向 샹 / 向 쿄,코 | 向 | | |
| 향하다 **향** | | | | | | | | |

| 合 | 合 | 合 | 合 | 合 | 合 허 / 合 고,가쓰 | 合 | | |
| 합하다 **합** | | | | | | | | |

| 各 | 各 | 各 | 各 | 各 | 各 거 / 各 카쿠 | 各 | | |
| 각자 **각** | | | | | | | | |

| 百 | 百 | 百 | 百 | 百 | 百 바이 / 百 햐쿠 | 百 | | |
| 일백 **백** | | | | | | | | |

西	西 西 西 西	西 / 시 / 西 / 사이,세이	西 西
서쪽 **서**			

回	回 回 回 回	回 / 후이 / 回 / 카이	回 回
돌아가다 **회**			

次	次 次 次 次	次 / 츠 / 次 / 시,지	次 次
버금, 다음 **차**			

先	先 先 先 先	先 / 셴 / 先 / 셴	先 先
먼저 **선**			

名	名 名 名 名	名 / 밍 / 名 / 묘, 메이	名 名
이름 **명**			

再	再	再	再	再	再 짜이 再 사,사이	再		
다시 재								
安	安	安	安	安	安 안 安 안	安 安		
편안하다 안								
共	共	共	共	共	共 궁 共 쿄	共 共		
한가지 공								
光	光	光	光	光	光 광 光 코	光 光		
빛 광								
至	至	至	至	至	至 즈 至 시	至 至		
이르다 지								

| 收 | 收 | 收 | 收 | 收 | 收 서우 / 收 슈 | 收 | | |
| 거두다 **수** | | | | | | | | |

| 交 | 交 | 交 | 交 | 交 | 交 자오 / 交 코 | 交 | | |
| 사귀다 **교** | | | | | | | | |

| 字 | 字 | 字 | 字 | 字 | 字 쯔 / 字 지 | 字 | | |
| 글자 **자** | | | | | | | | |

| 米 | 米 | 米 | 米 | 米 | 米 미 / 米 베이,마이 | 米 | | |
| 쌀 **미** | | | | | | | | |

| 色 | 色 | 色 | 色 | 色 | 色 사이 / 色 시키,쇼쿠 | 色 | | |
| 빛깔 **색** | | | | | | | | |

| 式 | 式 | 式 | 式 | 式 | 式
스
式
시키 | 式 | | |
| 법 식 | | | | | | | | |

| 死 | 死 | 死 | 死 | 死 | 死
쓰
死
시 | 死 | | |
| 죽다 사 | | | | | | | | |

| 早 | 早 | 早 | 早 | 早 | 早
짜오
早
소 | 早 | | |
| 일찍 조 | | | | | | | | |

| 列 | 列 | 列 | 列 | 列 | 列
례
列
레쓰 | 列 | | |
| 벌이다 열 | | | | | | | | |

| 江 | 江 | 江 | 江 | 江 | 江
장
江
코 | 江 | | |
| 강 강 | | | | | | | | |

衣	衣	衣	衣	衣	衣 이	衣		
옷 의					衣 이	衣		

存	存	存	存	存	存 춘	存		
존재하다 존					存 손,존	存		

忙	忙	忙	忙	忙	忙 망	忙		
바쁘다 망					忙 보	忙		

守	守	守	守	守	守 서우	守		
지키다 수					守 슈,스	守		

充	充	充	充	充	充 충	充		
가득하다 충					充 쥬	充		

考
살피다　고
카오
코

血
피　혈
쉐
케치, 케쓰

印
도장　인
인
인

肉
고기　육
러우
니쿠

危
위태하다　위
웨이
키

曲 굽다 **곡**	曲	曲	曲	曲	曲 취 曲 코쿠	曲 曲
耳 귀 **이**	耳	耳	耳	耳	耳 얼 耳 지	耳 耳
羊 양 **양**	羊	羊	羊	羊	羊 양 羊 요	羊 羊
休 쉬다 **휴**	休	休	休	休	休 슈 休 큐	休 休
伐 치다, 베다 **벌**	伐	伐	伐	伐	伐 파 伐 바쓰	伐 伐

| 竹 | 竹 竹 竹 竹 | 竹
주
竹
치쿠 | 竹
竹 | |
| 대나무 **죽** | | | | |

| 吉 | 吉 吉 吉 吉 | 吉
지
吉
키치, 키쓰 | 吉
吉 | |
| 길하다 **길** | | | | |

| 伏 | 伏 伏 伏 伏 | 伏
푸
伏
후쿠, 부쿠 | 伏
伏 | |
| 엎드리다 **복** | | | | |

| 刑 | 刑 刑 刑 刑 | 刑
싱
刑
교, 케이 | 刑
刑 | |
| 형벌 **형** | | | | |

| 朱 | 朱 朱 朱 朱 | 朱
주
朱
슈 | 朱
朱 | |
| 붉다 **주** | | | | |

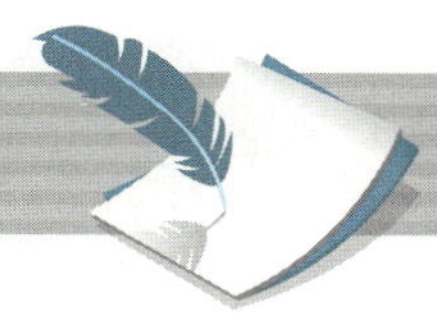

仰	仰	仰	仰	仰	仰 양 / 仰 교,코	仰 仰
우러러보다 **앙**						

舌	舌	舌	舌	舌	舌 서 / 舌 제쓰	舌 舌
혀 **설**						

宅	宅	宅	宅	宅	宅 자이 / 宅 타쿠	宅 宅
집 **택**						

宇	宇	宇	宇	宇	宇 위 / 宇 우	宇 宇
집 **우**						

寺	寺	寺	寺	寺	寺 쓰 / 寺 지	寺 寺
절,관청 **사,시**						

| 兆 | 兆 | 兆 | 兆 | 兆 | 兆 자오 | 兆 | | |
| 조짐 **조** | | | | | 兆 쵸 | 兆 | | |

| 我 | 我 | 我 | 我 | 我 | 我 워 | 我 | | |
| 나 **아** | | | | | 我 가 | 我 | | |

| 作 | 作 | 作 | 作 | 作 | 作 쭤 | 作 | | |
| 짓다 **작** | | | | | 作 사,사쿠 | 作 | | |

| 見 | 見 | 見 | 見 | 見 | 见 젠 | 见 | | |
| 보다 **견** | | | | | 見 켄,겐 | 見 | | |

| 利 | 利 | 利 | 利 | 利 | 利 리 | 利 | | |
| 이롭다 **리** | | | | | 利 리 | 利 | | |

位	位 位 位 位	位 웨이 位 이	位 位
자리 **위**			

走	走 走 走 走	走 쩌우 走 소	走 走
달리다 **주**			

完	完 完 完 完	完 완 完 칸	完 完
완전하다 **완**			

別	別 別 別 別	別 베 別 베쓰	別 別
나누다 **별**			

形	形 形 形 形	形 싱 形 교, 케이	形 形
모양 **형**			

한자	연습				발음	쓰기
決 결정하다 **결**	決	決	決	決	決 쥐 決 케쓰	決 決
身 몸 **신**	身	身	身	身	身 선 身 신	身 身
改 고치다 **개**	改	改	改	改	改 가이 改 카이	改 改
車 수레,차 **차,거**	車	車	車	車	车 처 車 샤	车 車
快 상쾌하다, 빠르다 **쾌**	快	快	快	快	快 콰이 快 카이	快 快

花	花 花 花 花	花 화 花 카	花 花
꽃 **화**			
住	住 住 住 住	住 주 住 쥬	住 住
살다 **주**			
志	志 志 志 志	志 즈 志 시	志 志
뜻 **지**			
每	每 每 每 每	每 메이 每 마이	每 每
매양 **매**			
更	更 更 更 更	更 겅 更 코	更 更
고치다, 다시 **경,갱**			

究	究	究	究	究	究 주 究 큐	究		
연구하다　**구**								

近	近	近	近	近	近 진 近 킨,콘	近		
가깝다　**근**								

何	何	何	何	何	何 허 何 카	何		
어찌　**하**								

步	步	步	步	步	步 부 步 후,부,호	步		
걸음　**보**								

技	技	技	技	技	技 지 技 기	技		
재주　**기**								

| 告 | 告 | 告 | 告 | 告 | 告
가오
告
코쿠 | 告 | | |
| 고하다 **고** | | | | | | | | |

| 兵 | 兵 | 兵 | 兵 | 兵 | 兵
빙
兵
효,헤이 | 兵 | | |
| 군사 **병** | | | | | | | | |

| 言 | 言 | 言 | 言 | 言 | 言
옌
言
겐,곤 | 言 | | |
| 말씀 **언** | | | | | | | | |

| 低 | 低 | 低 | 低 | 低 | 低
디
低
테이 | 低 | | |
| 낮다 **저** | | | | | | | | |

| 足 | 足 | 足 | 足 | 足 | 足
쭈
足
소쿠 | 足 | | |
| 발 **족** | | | | | | | | |

년   월   일

角	角	角	角	角	角 자오 / 카쿠	角 角		
뿔 **각**								
助	助	助	助	助	助 주 / 죠	助 助		
돕다 **조**								
防	防	防	防	防	防 팡 / 防 호,보	防 防		
막다 **방**								
希	希	希	希	希	希 시 / 希 키	希 希		
바라다 **희**								
村	村	村	村	村	村 춘 / 村 손	村 村		
마을 **촌**								

한자	뜻·음	연습				중국어 음		일본어 음	
投	던지다 **투**	投	投	投	投	投 터우	投	投 토	投
弟	아우 **제**	弟	弟	弟	弟	弟 디	弟	弟 다이, 테이	弟
良	어질다 **량**	良	良	良	良	良 량	良	良 료	良
初	처음 **초**	初	初	初	初	初 추	初	初 쇼	初
均	고르다 **균**	均	均	均	均	均 쥔	均	均 킨	均

男	男	男	男	男	男 남 男 난	男 男		
남자 **남**								

判	判	判	判	判	判 판 判 한,반	判 判		
판단하다 **판**								

冷	冷	冷	冷	冷	冷 렁 冷 레이	冷 冷		
차다 **랭**								

材	材	材	材	材	材 차이 材 자이	材 材		
재목 **재**								

君	君	君	君	君	君 쥔 君 쿤	君 君		
임금 **군**								

困 곤하다 **곤**	困	困	困	困	困 쿤 困 콘	困 困		
否 아니다 **부**	否	否	否	否	否 퍼우 否 히	否 否		
迎 맞이하다 **영**	迎	迎	迎	迎	迎 잉 迎 게이,고	迎 迎		
吹 불다 **취**	吹	吹	吹	吹	吹 추이 吹 스이	吹 吹		
私 사사롭다 **사**	私	私	私	私	私 쓰 私 시	私 私		

| 忘 | | | | | 忘 왕 / 忘 보 | 忘 | | |
| 잇다 **망** | | | | | | | | |

| 序 | | | | | 序 쉬 / 序 죠 | 序 | | |
| 차례 **서** | | | | | | | | |

| 佛 | | | | | 佛 포 / 仏 후쓰, 부쓰 | 佛 / 仏 | | |
| 부처 **불** | | | | | | | | |

| 辛 | | | | | 辛 신 / 辛 신 | 辛 / 辛 | | |
| 맵다 **신** | | | | | | | | |

| 尾 | | | | | 尾 웨이 / 尾 비 | 尾 / 尾 | | |
| 꼬리 **미** | | | | | | | | |

妙	妙	妙	妙	妙	妙 먀오 妙 묘	妙 妙		
묘하다　묘								

壯	壯	壯	壯	壯	壯 쫭 壯 소	壯 壯		
장하다　장								

貝	貝	貝	貝	貝	貝 베이 貝 하이,바이	貝 貝		
조개　패								

忍	忍	忍	忍	忍	忍 런 忍 닌	忍 忍		
참다　인								

豆	豆	豆	豆	豆	豆 더우 豆 즈,토	豆 豆		
콩　두								

秀 빼어나다 **수**	秀	秀	秀	秀	秀 슈 秀 슈	秀 秀		
卵 알 **란**	卵	卵	卵	卵	卵 란 卵 란	卵 卵		
臣 신하 **신**	臣	臣	臣	臣	臣 천 臣 신.진	臣 臣		
赤 붉다 **적**	赤	赤	赤	赤	赤 츠 赤 샤쿠,세키	赤 赤		
扶 돕다 **부**	扶	扶	扶	扶	扶 푸 扶 후	扶 扶		

| 孝 | 孝 | 孝 | 孝 | 孝 | 孝
샤오
孝
코 | 孝
孝 | | |
| 효도 **효** | | | | | | | | |

| 姊 | 姊 | 姊 | 姊 | 姊 | 姊
쯔
姊
시 | 姊
姊 | | |
| 누이 **자** | | | | | | | | |

| 的 | 的 | 的 | 的 | 的 | 的
디
的
테키 | 的
的 | | |
| 과녁 **적** | | | | | | | | |

| 來 | 來 | 來 | 來 | 來 | 来
라이
来
라이 | 来
来 | | |
| 오다 **래** | | | | | | | | |

| 和 | 和 | 和 | 和 | 和 | 和
허
和
오,와 | 和
和 | | |
| 화목하다 **화** | | | | | | | | |

| 到 | 到 | 到 | 到 | 到 | 到 다오 / 到 토 | 到 | |
| 도달하다 **도** | | | | | | | |

| 事 | 事 | 事 | 事 | 事 | 事 스 / 事 지,즈 | 事 | |
| 일 **사** | | | | | | | |

| 所 | 所 | 所 | 所 | 所 | 所 쒀 / 所 쇼 | 所 | |
| 곳 **소** | | | | | | | |

| 長 | 長 | 長 | 長 | 長 | 长 창 / 長 쵸 | 长 | |
| 길다 **장** | | | | | | | |

| 法 | 法 | 法 | 法 | 法 | 法 파 / 法 호 | 法 | |
| 법 **법** | | | | | | | |

定	定	定	定	定	定 딩 定 죠	定 定		
정하다 **정**								

兩	兩	兩	兩	兩	兩 량 両 료	兩 両		
둘 **량**								

明	明	明	明	明	明 밍 明 묘,메이	明 明		
밝다 **명**								

使	使	使	使	使	使 스 使 시	使 使		
부리다 **사**								

物	物	物	物	物	物 우 物 부쓰,모쓰	物 物		
만물 **물**								

知					知 즈 知 치	知 知		
알다 **지**								

表	表	表	表	表	表 뱌오 表 효	表 表		
겉 **표**								

者	者	者	者	者	者 저 者 샤	者 者		
사람 **자**								

兒	兒	兒	兒	兒	儿 얼 児 지	儿 児		
아이 **아**								

命	命	命	命	命	命 밍 命 묘,메이	命 命		
목숨 **명**								

性	性	性	性	性	性 싱 性 쇼,세이	性 性		
성품 **성**								
果	果	果	果	果	果 궈 果 카	果 果		
열매 **과**								
門	門	門	門	門	门 먼 門 몬	门 門		
문 **문**								
東	東	東	東	東	东 둥 東 토	东 東		
동쪽 **동**								
放	放	放	放	放	放 팡 放 호	放 放		
놓다 **방**								

官	官	官	官	官	官 관 官 칸	官		
벼슬 **관**						官		

爭	爭	爭	爭	爭	争 정 争 소	争		
다투다 **쟁**						争		

取	取	取	取	取	取 취 取 슈	取		
가지다 **취**						取		

育	育	育	育	育	育 위 育 이쿠	育		
기르다 **육**						育		

直	直	直	直	直	直 즈 直 지키, 쵸쿠	直		
곧다 **직**						直		

治	治	治	治	治	治 즈 治 지,치	治	
다스리다 치							

金	金	金	金	金	金 진 金 킨,콘	金	
쇠 금							

受	受	受	受	受	受 서우 受 쥬	受	
받다 수							

非	非	非	非	非	非 페이 非 히	非	
아니다 비							

油	油	油	油	油	油 유 油 유	油	
기름 유							

林	林	林	林	林	林 린 林 린	林 林		
수풀 **림**								
空	空	空	空	空	空 쿵 空 쿠	空 空		
비다 **공**								
往	往	往	往	往	往 왕 往 오우	往 往		
가다 **왕**								
易	易	易	易	易	易 이 易 에키,이	易 易		
바꾸다, 쉽다 **역**								
京	京	京	京	京	京 징 京 쿄,케이	京 京		
서울 **경**								

| 服 | 服 | 服 | 服 | 服 | 服
푸
服
후쿠 | 服
服 | | |
| 옷 복 | | | | | | | | |

| 河 | 河 | 河 | 河 | 河 | 河
허
河
카,가 | 河
河 | | |
| 물 하 | | | | | | | | |

| 若 | 若 | 若 | 若 | 若 | 若
뤄
若
자쿠,냐쿠 | 若
若 | | |
| 같다 약 | | | | | | | | |

| 房 | 房 | 房 | 房 | 房 | 房
팡
房
보 | 房
房 | | |
| 방 방 | | | | | | | | |

| 住 | 住 | 住 | 住 | 住 | 住
주
住
츄 | 住
住 | | |
| 붓다 주 | | | | | | | | |

英					英	英		
꽃부리 **영**	英	英	英	英	잉 英 에이	英 英		

苦					苦	苦		
괴롭다 **고**	苦	苦	苦	苦	쿠 苦 쿠	苦 苦		

始					始	始		
비로소 **시**	始	始	始	始	스 始 시	始 始		

念					念	念		
생각 **념**	念	念	念	念	넨 念 넨	念 念		

武					武	武		
무기 **무**	武	武	武	武	우 武 부,무	武 武		

例	例	例	例	例	例 리 例 레이	例 例		
규칙 **례**								
雨	雨	雨	雨	雨	雨 위 雨 우	雨 雨		
비 **우**								
固	固	固	固	固	固 구 固 코	固 固		
굳다 **고**								
夜	夜	夜	夜	夜	夜 예 夜 야	夜 夜		
밤 **야**								
協	協	協	協	協	协 셰 協 코	协 協		
돕다 **협**								

免 면하다 **면**
免 멘 / 免 멘

承 잇다 **승**
承 청 / 承 쇼

依 의지하다 **의**
依 이 / 依 이,에

波 물결 **파**
波 보 / 波 하

居 살다 **거**
居 쥐 / 居 쿄

呼 부르다 호	呼	呼	呼	呼	후 呼 코	呼 呼		
妹 손아래 누이 매	妹	妹	妹	妹	메이 妹 마이	妹 妹		
味 맛 미	味	味	味	味	웨이 味 메	味 味		
松 소나무 송	松	松	松	松	쑹 松 쇼	松 松		
季 계절 계	季	季	季	季	지 季 키	季 季		

枝	枝	枝	枝	枝	枝 (즈) / 枝 (시)	枝		
가지 **지**						枝		

宗	宗	宗	宗	宗	宗 (쭝) / 宗 (슈,소)	宗		
마루 **종**						宗		

招	招	招	招	招	招 (자오) / 招 (쇼)	招		
부르다 **초**						招		

店	店	店	店	店	店 (뎬) / 店 (텐)	店		
가게 **점**						店		

幸	幸	幸	幸	幸	幸 (싱) / 幸 (코)	幸		
다행 **행**						幸		

| 妻 | 妻 | 妻 | 妻 | 妻 | 妻 치 / 妻 사이 | 妻 / 妻 | | |
| 아내 **처** | | | | | | | | |

| 抱 | 抱 | 抱 | 抱 | 抱 | 抱 바오 / 抱 호 | 抱 / 抱 | | |
| 안다 **포** | | | | | | | | |

| 虎 | 虎 | 虎 | 虎 | 虎 | 虎 후 / 虎 코 | 虎 / 虎 | | |
| 호랑이 **호** | | | | | | | | |

| 券 | 券 | 券 | 券 | 券 | 券 쥐안 / 券 칸,켄 | 券 / 券 | | |
| 문서 **권** | | | | | | | | |

| 杯 | 杯 | 杯 | 杯 | 杯 | 杯 베이 / 杯 하이 | 杯 / 杯 | | |
| 잔 **배** | | | | | | | | |

| 姓 | 姓 | 姓 | 姓 | 姓 | 姓
싱 | 姓 | | |
| 성 성 | | | | | 姓
쇼우, 세이 | 姓 | | |

| 典 | 典 | 典 | 典 | 典 | 典
뎅 | 典 | | |
| 법 전 | | | | | 典
텐 | 典 | | |

| 彼 | 彼 | 彼 | 彼 | 彼 | 彼
비 | 彼 | | |
| 저기 피 | | | | | 彼
히 | 彼 | | |

| 奉 | 奉 | 奉 | 奉 | 奉 | 奉
펑 | 奉 | | |
| 받들다 봉 | | | | | 奉
부, 호 | 奉 | | |

| 舍 | 舍 | 舍 | 舍 | 舍 | 舍
서 | 舍 | | |
| 집 사 | | | | | 舍
샤 | 舍 | | |

| 叔 | 叔 叔 叔 叔 | 叔 수 / 叔 슈쿠 | 叔 / 叔 |
| 아저씨 **숙** | | | |

| 忠 | 忠 忠 忠 忠 | 忠 중 / 忠 츄 | 忠 / 忠 |
| 충성 **충** | | | |

| 宙 | 宙 宙 宙 宙 | 宙 저우 / 宙 츄 | 宙 / 宙 |
| 집 **주** | | | |

| 泣 | 泣 泣 泣 泣 | 泣 치 / 泣 큐 | 泣 / 泣 |
| 울다 **읍** | | | |

| 昔 | 昔 昔 昔 昔 | 昔 시 / 昔 샤쿠,세키 | 昔 / 昔 |
| 옛날 **석** | | | |

| 卒 | 卒 | 卒 | 卒 | 卒 | 卒 추 | 卒 | |
| 군사, 마치다　졸 | | | | | 卒 소쓰 | 卒 | |

| 是 | 是 | 是 | 是 | 是 | 是 스 | 是 | |
| 옳다　시 | | | | | 是 제 | 是 | |

| 要 | 要 | 要 | 要 | 要 | 要 야오 | 要 | |
| 중요하다　요 | | | | | 要 요 | 要 | |

| 活 | 活 | 活 | 活 | 活 | 活 훠 | 活 | |
| 살다　활 | | | | | 活 카쓰 | 活 | |

| 面 | 面 | 面 | 面 | 面 | 面 몐 | 面 | |
| 얼굴　면 | | | | | 面 멘 | 面 | |

後 뒤 후	後	後	後	後	后 허우 後 고	后 後	
看 보다 간	看	看	看	看	看 칸 看 칸	看 看	
前 앞 전	前	前	前	前	前 첸 前 젠	前 前	
政 다스리다 정	政	政	政	政	政 정 政 쇼.세이	政 政	
度 법도 도	度	度	度	度	度 두 度 도	度 度	

| 重 | 重 | 重 | 重 | 重 | 重 충 / 重 쥬 | 重 | | |
| 무겁다 중 | | | | | | 重 | | |

| 相 | 相 | 相 | 相 | 相 | 相 샹 / 相 쇼,소 | 相 | | |
| 서로 상 | | | | | | 相 | | |

| 便 | 便 | 便 | 便 | 便 | 便 삔 / 便 삔,벤 | 便 | | |
| 편하다 편 | | | | | | 便 | | |

| 軍 | 軍 | 軍 | 軍 | 軍 | 军 쮠 / 軍 군 | 军 | | |
| 군사 군 | | | | | | 軍 | | |

| 建 | 建 | 建 | 建 | 建 | 建 젠 / 建 켄,콘 | 建 | | |
| 세우다 건 | | | | | | 建 | | |

革 가죽 **혁**	革	革	革	革	革 거 革 카쿠	革 革	
美 아름답다 **미**	美	美	美	美	美 메이 美 비	美 美	
南 남쪽 **남**	南	南	南	南	南 난 南 난	南 南	
計 셈하다 **계**	計	計	計	計	計 지 計 케이	計 計	
界 경계 **계**	界	界	界	界	界 제 界 카이	界 界	

海 바다 **해**	海	海	海	海	海 하이 / 海 카이	海		
思 생각 **사**	思	思	思	思	思 쓰 / 思 시	思 思		
品 물건 **품**	品	品	品	品	品 핀 / 品 혼,힌	品 品		
指 가리키다 **지**	指	指	指	指	指 즈 / 指 시	指 指		
科 과목 **과**	科	科	科	科	科 커 / 科 카	科 科		

| 保 | 保 | 保 | 保 | 保 | 保
바오
保
호 | 保
保 | | |
| 지키다 보 | | | | | | | | |

| 則 | 則 | 則 | 則 | 則 | 則
쩌
則
소쿠 | 则
則 | | |
| 법칙,곧 칙,즉 | | | | | | | | |

| 信 | 信 | 信 | 信 | 信 | 信
신
信
신 | 信
信 | | |
| 믿다 신 | | | | | | | | |

| 省 | 省 | 省 | 省 | 省 | 省
성
省
쇼,세이 | 省
省 | | |
| 살피다 성 | | | | | | | | |

| 風 | 風 | 風 | 風 | 風 | 风
펑
風
후 | 风
風 | | |
| 바람 풍 | | | | | | | | |

持	持 持 持 持	持 츠 持 지	持 持
가지다　지			
約	約 約 約 約	约 웨 約 야쿠	约 約
맺다　약			
神	神 神 神 神	神 선 神 신	神 神
귀신　신			
甚	甚 甚 甚 甚	甚 선 甚 진	甚 甚
심하다　심			
飛	飛 飛 飛 飛	飞 페이 飛 히	飞 飛
날다　비			

食	食	食	食	食	食 食	食	
밥 식					스 쇼쿠,시	食	

首	首	首	首	首	首 首	首	
머리 수					서우 슈	首	

故	故	故	故	故	故 故	故	
연고 고					구 코	故	

草	草	草	草	草	草 草	草	
풀 초					차오 소	草	

送	送	送	送	送	送 送	送	
보내다 송					쑹 소	送	

| 音 | 音 | 音 | 音 | 音 | 音
인 | 音 | | |
| 소리 **음** | | | | | 音
온,인 | 音 | | |

| 洋 | 洋 | 洋 | 洋 | 洋 | 洋
양 | 洋 | | |
| 큰바다 **양** | | | | | 洋
요 | 洋 | | |

| 紅 | 紅 | 紅 | 紅 | 紅 | 紅
홍 | 红 | | |
| 붉다 **홍** | | | | | 紅
코 | 紅 | | |

| 城 | 城 | 城 | 城 | 城 | 城
청 | 城 | | |
| 도읍 **성** | | | | | 城
죠 | 城 | | |

| 客 | 客 | 客 | 客 | 客 | 客
커 | 客 | | |
| 손님 **객** | | | | | 客
카쿠,카쿠 | 客 | | |

屋 집 옥	屋	屋	屋	屋	屋 우 屋 오쿠	屋	屋	
律 법칙 률	律	律	律	律	律 뤼 律 리쓰	律	律	
施 베풀다 시	施	施	施	施	施 스 施 시	施	施	
急 급하다 급	急	急	急	急	急 지 急 큐	急	急	
星 별 성	星	星	星	星	星 싱 星 쇼,세이	星	星	

| 帝 | 帝 | 帝 | 帝 | 帝 | 帝 디
帝 테이 | 帝 | | |
| 제왕 **제** | | | | | | | | |

| 待 | 待 | 待 | 待 | 待 | 待 다이
待 타이 | 待 | | |
| 기다리다 **대** | | | | | | | | |

| 春 | 春 | 春 | 春 | 春 | 春 춘
春 슌 | 春 | | |
| 봄 **춘** | | | | | | | | |

| 限 | 限 | 限 | 限 | 限 | 限 헌
限 겐 | 限 | | |
| 한정하다 **한** | | | | | | | | |

| 室 | 室 | 室 | 室 | 室 | 室 스
室 시쓰 | 室 | | |
| 방 **실** | | | | | | | | |

香	香	香	香	香	香 샹 香 코,쿄	香 香		
향기 **향**								

退	退	退	退	退	退 투이 退 타이	退 退		
물러나다 **퇴**								

祖	祖	祖	祖	祖	祖 쭈 祖 소	祖 祖		
할아버지 **조**								

威	威	威	威	威	威 웨이 威 이	威 威		
위엄 **위**								

洞	洞	洞	洞	洞	洞 둥 洞 도	洞 洞		
마을 **동**								

洗	洗	洗	洗	洗	洗 시 / 洗 센	洗 / 洗		
씻다 세								

昨	昨	昨	昨	昨	昨 쭤 / 昨 사쿠	昨 / 昨		
어제 작								

拜	拜	拜	拜	拜	拜 바이 / 拜 하이	拜 / 拜		
절하다 배								

秋	秋	秋	秋	秋	秋 추 / 秋 슈	秋 / 秋		
가을 추								

厚	厚	厚	厚	厚	厚 허우 / 厚 코	厚 / 厚		
두텁다 후								

追	追	追	追	追	追 주이 追 쓰이	追		
쫓다 **추**						追		
皆	皆	皆	皆	皆	皆 제 皆 카이	皆		
모두 **개**						皆		
勇	勇	勇	勇	勇	勇 융 勇 유	勇		
날래다 **용**						勇		
恨	恨	恨	恨	恨	恨 셴 恨 콘	恨		
한 **한**						恨		
皇	皇	皇	皇	皇	皇 황 皇 코,오	皇		
임금 **황**						皇		

怒	怒	怒	怒	怒	怒 누 / 怒 도	怒
성내다 노						怒

俗	俗	俗	俗	俗	俗 쑤 / 俗 조쿠	俗
풍속 속						俗

祝	祝	祝	祝	祝	祝 주 / 祝 슈쿠	祝
기원하다 축						祝

拾	拾	拾	拾	拾	拾 스 / 拾 쥬,슈	拾
열,줍다 십,습						拾

柳	柳	柳	柳	柳	柳 류 / 柳 류	柳
버들 류						柳

泉					泉	泉		
					취안			
					泉	泉		
샘 천					셴			

柔					柔	柔		
					러우			
					柔	柔		
부드럽다 유					쥬,뉴			

哀					哀	哀		
					아이			
					哀	哀		
슬프다 애					아이			

怨					怨	怨		
					위안			
					怨	怨		
원망 원					엔			

逆					逆	逆		
					니			
					逆	逆		
거스르다 역					가쿠			

個	個	個	個	個	个	个		
낱 **개**					거 個 코	個		

時	時	時	時	時	时	时		
때 **시**					스 時 시,지	時		

能	能	能	能	能	能	能		
능하다 **능**					넝 能 노	能		

家	家	家	家	家	家	家		
집 **가**					자 家 카,케	家		

起	起	起	起	起	起	起		
일어나다 **기**					치 起 키	起		

| 高 | 高 高 高 高 | 高 가오
高 코 | 高 高 |
| 높다　고 | | | |

| 氣 | 氣 氣 氣 氣 | 气 치
気 키 | 气 気 |
| 기운　기 | | | |

| 原 | 原 原 原 原 | 原 위안
原 겐 | 原 原 |
| 근원　원 | | | |

| 展 | 展 展 展 展 | 展 잔
展 텐 | 展 展 |
| 펴다　전 | | | |

| 通 | 通 通 通 通 | 通 퉁
通 쓰 | 通 通 |
| 통하다　통 | | | |

華	華	華	華	華	华 / 화 / 華 / 카	华 / 華		
화려하다 **화**								
特	特	特	特	特	特 / 터 / 特 / 토쿠	特 / 特		
특별 **특**								
書	書	書	書	書	书 / 수 / 書 / 쇼	书 / 書		
글 **서**								
馬	馬	馬	馬	馬	马 / 마 / 馬 / 메.바	马 / 馬		
말 **마**								
造	造	造	造	造	造 / 짜오 / 造 / 조	造 / 造		
짓다 **조**								

流	流	流	流	流	流	流		
흐르다 **류**					류 / 流 / 류,루	流		
記	記	記	記	記	记 / 지 / 记 / 키	记	記	
기록하다 **기**								
根	根	根	根	根	根 / 건 / 根 / 콘	根	根	
뿌리 **근**								
料	料	料	料	料	料 / 랴오 / 料 / 료	料	料	
헤아리다 **료**								
連	連	連	連	連	连 / 롄 / 連 / 롄	连	連	
이어지다 **련**								

| 師 | 師 | 師 | 師 | 师
스
師
시 | 师
師 | | |
| 스승 **사** | | | | | | | |

| 校 | 校 | 校 | 校 | 校
샤오
校
쿄.코 | 校
校 | | |
| 학교 **교** | | | | | | | |

| 席 | 席 | 席 | 席 | 席
시
席
세키 | 席
席 | | |
| 자리 **석** | | | | | | | |

| 病 | 病 | 病 | 病 | 病
빙
病
뵤 | 病
病 | | |
| 질병 **병** | | | | | | | |

| 笑 | 笑 | 笑 | 笑 | 笑
샤오
笑
쇼 | 笑
笑 | | |
| 웃다 **소** | | | | | | | |

| 除 | | | | | 除
추
除
조 | 除
除 | | |
| 덜다 제 | 除 | 除 | 除 | 除 | | | | |

| 速 | | | | | 速
쑤
速
소쿠 | 速
速 | | |
| 빠르다 속 | 速 | 速 | 速 | 速 | | | | |

| 害 | | | | | 害
하이
害
가이 | 害
害 | | |
| 해롭다 해 | 害 | 害 | 害 | 害 | | | | |

| 消 | | | | | 消
샤오
消
쇼 | 消
消 | | |
| 없애다 소 | 消 | 消 | 消 | 消 | | | | |

| 破 | | | | | 破
포
破
하 | 破
破 | | |
| 깨뜨리다 파 | 破 | 破 | 破 | 破 | | | | |

| 容 | 容 | 容 | 容 | 容 | 容(룽) / 容(요) | 容 | | |
| 얼굴 용 | | | | | | | | |

| 修 | 修 | 修 | 修 | 修 | 修(슈) / 修(슈) | 修 | | |
| 닦다 수 | | | | | | | | |

| 效 | 效 | 效 | 效 | 效 | 效(샤오) / 效(코) | 效 | | |
| 본받다 효 | | | | | | | | |

| 留 | 留 | 留 | 留 | 留 | 留(류) / 留(류,로) | 留 | | |
| 머물다 류 | | | | | | | | |

| 致 | 致 | 致 | 致 | 致 | 致(즈) / 致(치) | 致 | | |
| 도달하다 치 | | | | | | | | |

財 재물 **재**	財	財	財	財	財 차이 / 財 자이	財		
旅 나그네 **려**	旅	旅	旅	旅	旅 뤼 / 旅 료	旅		
益 더하다 **익**	益	益	益	益	益 이 / 益 에키,야쿠	益		
素 본디 **소**	素	素	素	素	素 쑤 / 素 소	素		
恩 은혜 **은**	恩	恩	恩	恩	恩 언 / 恩 온	恩		

酒	酒	酒	酒	酒	酒 주 / 酒 슈	酒		
술 **주**						酒		
降	降	降	降	降	降 장 / 降 코	降		
내리다 **강**						降		
案	案	案	案	案	案 안 / 案 안	案		
책상 **안**						案		
紙	纸	纸	纸	纸	纸 즈 / 紙 시	纸		
종이 **지**						紙		
借	借	借	借	借	借 제 / 借 샤쿠	借		
빌리다 **차**						借		

					중국어	일본어
殺 죽이다 **살**	殺	殺	殺	殺	杀 사 / 殺 사이, 사쓰	杀 殺
射 쏘다 **사**	射	射	射	射	射 서 / 射 샤	射 射
針 바늘 **침**	針	針	針	針	针 전 / 針 신	针 針
烈 맵다 **렬**	烈	烈	烈	烈	烈 례 / 烈 레쓰	烈 烈
訓 가르치다 **훈**	訓	訓	訓	訓	训 쉰 / 訓 쿤	训 訓

夏	夏	夏	夏	夏	夏 샤 夏 카,게	夏		
여름 **하**								

骨	骨	骨	骨	骨	骨 구 骨 코쓰	骨		
뼈 **골**								

孫	孫	孫	孫	孫	孙 쑨 孫 손	孙 孫		
손자 **손**								

庭	庭	庭	庭	庭	庭 팅 庭 테이	庭 庭		
뜰 **정**								

島	島	島	島	島	岛 다오 島 토	岛 島		
섬 **도**								

弱	弱	弱	弱	弱	弱 뤄 弱 자쿠	弱		
약하다 **약**						弱		

徒	徒	徒	徒	徒	徒 투 徒 토	徒		
무리 **도**						徒		

浪	浪	浪	浪	浪	浪 랑 浪 로	浪		
물결 **랑**						浪		

純	純	純	純	純	纯 춘 純 준	纯		
순수하다 **순**						純		

乘	乘	乘	乘	乘	乘 성 乘 조	乘		
타다 **승**						乘		

耕 밭갈다 경	耕	耕	耕	耕	耕 경 耕 코	耕 / 耕
悟 깨닫다 오	悟	悟	悟	悟	悟 우 悟 고	悟 / 悟
泰 크다 태	泰	泰	泰	泰	泰 타이 泰 타이	泰 / 泰
浮 뜨다 부	浮	浮	浮	浮	浮 푸 浮 후	浮 / 浮
胸 가슴 흉	胸	胸	胸	胸	胸 슝 胸 쿄	胸 / 胸

栽 심다 **재**	栽	栽	栽	栽	栽 짜이 栽 사이	栽 栽		
勉 힘쓰다 **면**	勉	勉	勉	勉	勉 멘 勉 벤	勉 勉		
眠 잠자다 **면**	眠	眠	眠	眠	眠 멘 眠 멘	眠 眠		
浴 목욕 **욕**	浴	浴	浴	浴	浴 위 浴 요쿠	浴 浴		
國 나라 **국**	國	國	國	國	国 궈 国 코쿠	国 国		

得	得	得	得	得	得 더 得 요쿠	得		
얻다 **득**						得		

動	動	動	動	動	动 둥 動 도	动		
움직이다 **동**						動		

都	都	都	都	都	都 두 都 토	都		
도읍 **도**						都		

進	進	進	進	進	进 진 進 신	进		
나아가다 **진**						進		

着	着	着	着	着	着 쥐 着 차쿠	着		
입다 **착**						着		

部 떼　부	部	部	部	部	部 부 部 부	部 部		
間 묻다　문	問	問	問	問	问 원 問 몬	问 問		
從 따르다　종	從	從	從	從	从 충 從 쇼,쥬	从 從		
現 나타나다　현	現	現	現	現	現 센 現 겐	現 現		
著 나타나다　저	著	著	著	著	著 주 著 초,차쿠	著 著		

理	理	理	理	理	理 리	理		
다스리다 **리**					理 리	理		

第	第	第	第	第	第 디	第		
차례 **제**					第 다이	第		

將	將	將	將	將	將 장	將		
장수 **장**					將 쇼	将		

情	情	情	情	情	情 칭	情		
뜻 **정**					情 죠	情		

常	常	常	常	常	常 창	常		
항상 **상**					常 죠	常		

接	接	接	接	接	接 제 接 세쓰	接		
접붙이다 **접**								

設	設	設	設	設	設 서 設 세쓰	設		
베풀다 **설**								

許	許	許	許	許	許 쉬 許 쿄	許		
허락하다 **허**								

務	務	務	務	務	务 우 務 무	务		
힘쓰다 **무**								

基	基	基	基	基	基 지 基 키	基		
터 **기**								

深	深	深	深	深	深 선 / 深 신	深		
깊다 **심**						深		
處	處	處	處	處	处 추 / 处 쇼	处		
곳 **처**						处		
眼	眼	眼	眼	眼	眼 옌 / 眼 간	眼		
눈 **안**						眼		
望	望	望	望	望	望 왕 / 望 보	望		
바라다 **망**						望		
商	商	商	商	商	商 상 / 商 쇼	商		
장사 **상**						商		

習	習	習	習	習	习 시 習 쇼	习 習		
익히다 **습**								
參	參	參	參	參	参 선,찬 参 산,신	参 参		
삼, 참여하다 **삼,참**								
婚	婚	婚	婚	婚	婚 훈 婚 콘	婚 婚		
혼인하다 **혼**								
球	球	球	球	球	球 추 球 큐	球 球		
공 **구**								
細	細	細	細	細	细 시 細 사이	细 細		
가늘다 **세**								

| 推 | 推 | 推 | 推 | 推 | 推
투이 | 推 | | |
| 밀다 **추** | | | | | 推
스이 | 推 | | |

| 族 | 族 | 族 | 族 | 族 | 族
쭈 | 族 | | |
| 겨레 **족** | | | | | 族
조쿠 | 族 | | |

| 船 | 船 | 船 | 船 | 船 | 船
찬 | 船 | | |
| 배 **선** | | | | | 船
센 | 船 | | |

| 魚 | 魚 | 魚 | 魚 | 魚 | 鱼
위 | 鱼 | | |
| 물고기 **어** | | | | | 魚
교 | 魚 | | |

| 婦 | 婦 | 婦 | 婦 | 婦 | 妇
푸 | 妇 | | |
| 아내 **부** | | | | | 婦
후 | 婦 | | |

黃 누렇다 **황**	黃	黃	黃	黃	黃 황 黃 코	黃 黃		
視 보다 **시**	視	視	視	視	視 스 視 시	視 視		
責 꾸짖다 **책**	責	責	責	責	責 쩌 責 샤쿠, 세키	責 責		
密 빽빽하다 **밀**	密	密	密	密	密 미 密 미쓰	密 密		
貨 재물 **화**	貨	貨	貨	貨	貨 훠 貨 카	貨 貨		

| 救 | 救 | 救 | 救 | 救 | 救 救 | | |
| 구원하다 **구** | | | | | 주 / 큐 | | |

| 終 | 終 | 終 | 終 | 終 | 终 終 | | |
| 마치다 **종** | | | | | 중 / 슈 | | |

| 停 | 停 | 停 | 停 | 停 | 停 停 | | |
| 머무르다 **정** | | | | | 팅 / 테이 | | |

| 章 | 章 | 章 | 章 | 章 | 章 章 | | |
| 글 **장** | | | | | 장 / 쇼 | | |

| 頂 | 頂 | 頂 | 頂 | 頂 | 頂 頂 | | |
| 정수리 **정** | | | | | 딩 / 초 | | |

					假 자 / 仮 카,케	假 / 仮
假 거짓 **가**	假	假	假	假		

					访 팡 / 訪 호	访 / 訪
訪 찾다 **방**	訪	訪	訪	訪		

					野 예 / 野 야	野 / 野
野 들 **야**	野	野	野	野		

					麦 마이 / 麦 바쿠	麦 / 麦
麥 보리 **맥**	麥	麥	麥	麥		

					唱 창 / 唱 쇼	唱 / 唱
唱 부르다 **창**	唱	唱	唱	唱		

菜	菜	菜	菜	菜	菜 차이 菜 사이	菜 菜		
나물 **채**								

堂	堂	堂	堂	堂	堂 탕 堂 도	堂 堂		
집 **당**								

移	移	移	移	移	移 이 移 이	移 移		
옮기다 **이**								

異	異	異	異	異	異 이 異 이	異 異		
다르다 **이**								

脫	脫	脫	脫	脫	脫 퉈 脫 다쓰	脫 脫		
벗다 **탈**								

執 잡다 **집**	執	執	執	執	执 즈 執 시쓰,슈	执 執		
貧 가난하다 **빈**	貧	貧	貧	貧	贫 핀 貧 힌,빈	贫 貧		
敗 패하다 **패**	敗	敗	敗	敗	败 바이 敗 하이	败 敗		
混 섞이다 **혼**	混	混	混	混	混 훈 混 콘	混 混		
探 찾다 **탐**	探	探	探	探	探 탄 探 탄	探 探		

| 盛 | 盛 | 盛 | 盛 | 盛 | 盛 성
盛 조,세이 | 盛 | | |
| 융성하다 **성** | | | | | | | | |

| 鳥 | 鳥 | 鳥 | 鳥 | 鳥 | 鸟 냐오
鳥 초 | 鸟
鳥 | | |
| 새 **조** | | | | | | | | |

| 陸 | 陸 | 陸 | 陸 | 陸 | 陆 루
陸 리쿠 | 陆
陸 | | |
| 땅 **륙** | | | | | | | | |

| 陰 | 陰 | 陰 | 陰 | 陰 | 阴 인
陰 인 | 阴
陰 | | |
| 그늘 **음** | | | | | | | | |

| 欲 | 欲 | 欲 | 欲 | 欲 | 欲 위
欲 요쿠 | 欲
欲 | | |
| 바라다 **욕** | | | | | | | | |

| 閉 | 閉 | 閉 | 閉 | 閉 | 闭 비 / 閉 헤이 | 闭 / 閉 |
| 닫다 폐 | | | | | | |

| 唯 | 唯 | 唯 | 唯 | 唯 | 唯 웨이 / 唯 유이 | 唯 / 唯 |
| 오직 유 | | | | | | |

| 雪 | 雪 | 雪 | 雪 | 雪 | 雪 쉐 / 雪 세쓰 | 雪 / 雪 |
| 눈 설 | | | | | | |

| 淨 | 淨 | 淨 | 淨 | 淨 | 净 징 / 浄 조 | 净 / 浄 |
| 깨끗하다 정 | | | | | | |

| 淺 | 淺 | 淺 | 淺 | 淺 | 浅 첸 / 浅 센 | 浅 / 浅 |
| 얕다 천 | | | | | | |

虛 비다 **허**	虛	虛	虛	虛	虛 쉬 虛 쿄,코	虛 虛		
惜 아끼다 **석**	惜	惜	惜	惜	惜 시 惜 세키	惜 惜		
授 주다 **수**	授	授	授	授	授 서우 授 주	授 授		
患 근심 **환**	患	患	患	患	患 환 患 칸	患 患		
宿 자다 **숙**	宿	宿	宿	宿	宿 쑤 宿 슈쿠	宿 宿		

凉 서늘하다 **량**	凉	凉	凉	凉	凉 량 凉 료
晝 낮 **주**	晝	晝	晝	晝	昼 저우 昼 츄
崇 높이다 **숭**	崇	崇	崇	崇	崇 충 崇 스
祭 제사 **제**	祭	祭	祭	祭	祭 지 祭 사이
就 나아가다 **취**	就	就	就	就	就 주 就 슈,주

道	道	道	道	道	道 다오 / 道 도	道		
길 **도**								

| 發 | 發 | 發 | 發 | 發 | 发 파 / 發 하쓰, 호쓰 | 发 / 発 | | |
| 피다 **발** | | | | | | | | |

| 過 | 過 | 過 | 過 | 過 | 过 궈 / 過 카 | 过 / 過 | | |
| 지나다 **과** | | | | | | | | |

| 等 | 等 | 等 | 等 | 等 | 等 덩 / 等 토 | 等 / 等 | | |
| 등급 **등** | | | | | | | | |

| 無 | 無 | 無 | 無 | 無 | 无 우 / 無 부,무 | 无 / 無 | | |
| 없다 **무** | | | | | | | | |

然 그러하다 **연**	然	然	然	然	然 란 然 젠,렌	然 然
間 사이 **간**	間	間	間	間	间 젠 間 칸,켄	间 間
量 헤아리다 **량**	量	量	量	量	量 량 量 료	量 量
幾 몇 **기**	幾	幾	幾	幾	几 지 幾 키	几 幾
最 가장 **최**	最	最	最	最	最 쭈이 最 사이	最 最

結	結	結	結	結	結 제 / 結 케치, 케쓰	結 / 結	
맺다 **결**							

給	給	給	給	給	给 지 / 给 큐	给 / 给	
공급하다 **급**							

期	期	期	期	期	期 치 / 期 키,코	期 / 期	
기약하다 **기**							

萬	萬	萬	萬	萬	万 완 / 万 반,만	万 / 万	
일만 **만**							

報	報	報	報	報	报 바오 / 報 호	报 / 報	
갚다 **보**							

					간체 / 번체
運 옮기다 **운**	運	運	運	運	运 (원) / 运 運 運 (운)
極 다하다 **극**	極	極	極	極	极 (지) / 极 極 極 (고쿠, 코쿠)
統 합하다 **통**	統	統	統	統	统 (퉁) / 统 統 統 (토)
勞 일하다 **로**	勞	勞	勞	勞	劳 (라오) / 劳 労 労 (로)
場 마당 **장**	場	場	場	場	场 (창) / 场 場 場 (죠)

達	達	達	達	達	达 다 達 다치	达 達
통하다 **달**						

單	單	單	單	單	单 단 单 탄	单 単
홀 **단**						

須	須	須	須	須	须 쉬 須 슈,스	须 須
모름지기 **수**						

備	備	備	備	備	备 베이 備 비	备 備
갖추다 **비**						

集	集	集	集	集	集 지 集 슈	集 集
모이다 **집**						

勝	勝	勝	勝	勝	胜 성 / 勝 쇼	胜 / 勝		
이기다 승								

遊	遊	遊	遊	遊	游 유 / 遊 유	游 / 遊		
놀다 유								

喜	喜	喜	喜	喜	喜 시 / 喜 키	喜 / 喜		
기쁘다 희								

落	落	落	落	落	落 뤄 / 落 라쿠	落 / 落		
떨어지다 락								

黑	黑	黑	黑	黑	黑 헤이 / 黒 코쿠	黑 / 黒		
검다 흑								

買	買	買	買	買	买 (마이) / 買 (바이)	买 / 買
사다 **매**						
堅	堅	堅	堅	堅	坚 (젠) / 堅 (켄)	坚 / 堅
굳세다 **견**						
陽	陽	陽	陽	陽	阳 (양) / 陽 (요)	阳 / 陽
볕 **양**						
富	富	富	富	富	富 (푸) / 富 (후)	富 / 富
부자 **부**						
答	答	答	答	答	答 (다) / 答 (토)	答 / 答
답하다 **답**						

揚 날리다 **양**	揚	揚	揚	揚	揚 양 揚 요	揚 揚		
葉 잎 **엽**	葉	葉	葉	葉	叶 예 葉 요	叶 葉		
朝 아침 **조**	朝	朝	朝	朝	朝 차오 朝 죠	朝 朝		
雲 구름 **운**	雲	雲	雲	雲	云 윈 雲 운	云 雲		
敢 감히 **감**	敢	敢	敢	敢	敢 간 敢 칸	敢 敢		

圓	圓	圓	圓	圓	圓 위안 / 円 엔	圆 円		
원 **원**							

畫	畫	畫	畫	畫	画 화 / 画 가, 가쿠	画 画		
그림 **화**							

減	減	減	減	減	減 젠 / 減 겐	減 減		
덜다 **감**							

短	短	短	短	短	短 돤 / 短 탄	短 短		
짧다 **단**							

飯	飯	飯	飯	飯	饭 판 / 飯 한	饭 飯		
밥 **반**							

| 善 | 善 | 善 | 善 | 善 | 善 산
善 젠 | 善 | | |
| 착하다 선 | | | | | | 善 | | |

| 童 | 童 | 童 | 童 | 童 | 童 퉁
童 도 | 童 | | |
| 아이 동 | | | | | | 童 | | |

| 散 | 散 | 散 | 散 | 散 | 散 싼
散 산 | 散 | | |
| 흩어지다 산 | | | | | | 散 | | |

| 惡 | 惡 | 惡 | 惡 | 惡 | 惡 어
惡 아쿠 | 惡 | | |
| 악 악 | | | | | | 惡 | | |

| 貴 | 貴 | 貴 | 貴 | 貴 | 貴 구이
貴 키 | 貴 | | |
| 귀하다 귀 | | | | | | 貴 | | |

| 植 | 植 | 植 | 植 | 植 | 植 즈 / 植 쇼쿠 | 植 / 植 | | |
| 심다　식 | | | | | | | | |

| 登 | 登 | 登 | 登 | 登 | 登 덩 / 登 토 | 登 / 登 | | |
| 오르다　등 | | | | | | | | |

| 敬 | 敬 | 敬 | 敬 | 敬 | 敬 징 / 敬 케이 | 敬 / 敬 | | |
| 공경하다　경 | | | | | | | | |

| 景 | 景 | 景 | 景 | 景 | 景 징 / 景 케이 | 景 / 景 | | |
| 경치　경 | | | | | | | | |

| 偉 | 偉 | 偉 | 偉 | 偉 | 伟 웨이 / 偉 이 | 伟 / 偉 | | |
| 위대하다　위 | | | | | | | | |

遇	遇 遇 遇 遇	遇 위 遇 구	遇 遇	
만나다 우				

順	順 順 順 順	順 순 順 쥰	順 順	
순하다 순				

筆	筆 筆 筆 筆	笔 비 筆 히쓰	笔 筆	
붓 필				

街	街 街 街 街	街 제 街 카이, 가이	街 街	
거리 가				

湖	湖 湖 湖 湖	湖 후 湖 코	湖 湖	
호수 호				

雄	雄	雄	雄	雄	雄 승 / 雄 유	雄 / 雄		
수컷 웅								

稅	稅	稅	稅	稅	稅 수이 / 稅 제이	稅 / 稅		
세금 세								

寒	寒	寒	寒	寒	寒 한 / 寒 칸	寒 / 寒		
춥다 한								

尊	尊	尊	尊	尊	尊 쭌 / 尊 손	尊 / 尊		
높다 존								

番	番	番	番	番	番 판 / 番 반	番 / 番		
차례 번								

勤 부지런하다 근	勤	勤	勤	勤	勤 친 勤 킨,콘	勤 勤		
賀 축하 하	賀	賀	賀	賀	賀 허 賀 가	賀 賀		
悲 슬프다 비	悲	悲	悲	悲	悲 베이 悲 히	悲 悲		
喪 죽다 상	喪	喪	喪	喪	喪 쌍 喪 소	喪 喪		
閑 한가하다 한	閑	閑	閑	閑	閑 셴 閑 칸	閑 閑		

| 惠 | 惠 | 惠 | 惠 | 惠 | 惠
후이
惠
헤이 | 惠 | | |
| 은혜　**혜** | | | | | | 惠 | | |

| 晴 | 晴 | 晴 | 晴 | 晴 | 晴
칭
晴
세이 | 晴 | | |
| 개다　**청** | | | | | | 晴 | | |

| 暑 | 暑 | 暑 | 暑 | 暑 | 暑
수
暑
쇼 | 暑 | | |
| 더위　**서** | | | | | | 暑 | | |

| 貯 | 貯 | 貯 | 貯 | 貯 | 貯
주
貯
쵸 | 貯 | | |
| 쌓다　**저** | | | | | | 貯 | | |

| 會 | 會 | 會 | 會 | 會 | 会
후이
会
카이 | 会 | | |
| 모이다　**회** | | | | | | 会 | | |

經	經	經	經	經	经 징 / 经 킨,코	经 / 経		
글 경								
新	新	新	新	新	新 신 / 新 신	新 / 新		
새롭다 신								
電	電	電	電	電	电 뎬 / 電 뎬	电 / 電		
번개 전								
業	業	業	業	業	业 예 / 業 교,고	业 / 業		
일 업								
當	當	當	當	當	当 당 / 当 토	当 / 当		
마땅 당								

義	義	義	義	義	义 이 義 기	义 義		
옳다　의								

意	意	意	意	意	意 이 意 이	意 意		
뜻　의								

想	想	想	想	想	想 샹 想 소	想 想		
생각　상								

話	話	話	話	話	话 화 話 와	话 話		
이야기　화								

與	與	與	與	與	与 위 与 요	与 与		
더불어　여								

路	路 路 路 路	路 (루) / 路 (로)	路 / 路
길 **로**			

農	農 農 農 農	农 (눙) / 農 (노)	农 / 農
농사 **농**			

解	解 解 解 解	解 (제) / 解 (카이,게)	解 / 解
풀다 **해**			

愛	愛 愛 愛 愛	愛 (아이) / 愛 (아이)	愛 / 愛
사랑 **애**			

號	號 號 號 號	号 (하오) / 号 (고)	号 / 号
이름 **호**			

節	節	節	節	節	节	节		
마디 **절**					제 / 세쓰 — 節	節		

傳	傳	傳	傳	傳	传 / 伝	传 / 伝		
전하다 **전**					촨 / 덴			

勢	勢	勢	勢	勢	势 / 勢	势 / 勢		
기세 **세**					스 / 세			

遠	遠	遠	遠	遠	远 / 遠	远 / 遠		
멀다 **원**					위안 / 엔			

感	感	感	感	感	感 / 感	感 / 感		
느끼다 **감**					간 / 칸			

					원	
溫 따뜻하다 온	溫	溫	溫	溫	溫 온	溫 溫

					스	
試 시험 시	試	試	試	試	试 試 시	试 試

					满	
滿 가득차다 만	滿	滿	滿	滿	만 滿 만	满 満

					岁	
歲 해 세	歲	歲	歲	歲	쑤이 歲 사이, 세이	岁 歲

					烟	
煙 연기 연	煙	煙	煙	煙	옌 煙 옌	烟 煙

| 傷 | 傷 | 傷 | 傷 | 傷 | 伤 상 傷 쇼 | 伤 傷 | | |
| 상처 **상** | | | | | | | | |

| 福 | 福 | 福 | 福 | 福 | 福 푸 福 후쿠 | 福 福 | | |
| 복 **복** | | | | | | | | |

| 漢 | 漢 | 漢 | 漢 | 漢 | 汉 한 漢 칸 | 汉 漢 | | |
| 한나라 **한** | | | | | | | | |

| 罪 | 罪 | 罪 | 罪 | 罪 | 罪 쭈이 罪 자이 | 罪 罪 | | |
| 허물 **죄** | | | | | | | | |

| 暗 | 暗 | 暗 | 暗 | 暗 | 暗 안 暗 안 | 暗 暗 | | |
| 어둡다 **암** | | | | | | | | |

| 園 | 園 | 園 | 園 | 園 | 园
위안
園
엔 | 园
園 | | |
| 동산　원 | | | | | | | | |

| 詩 | 詩 | 詩 | 詩 | 詩 | 诗
스
詩
시 | 诗
詩 | | |
| 시　시 | | | | | | | | |

| 禁 | 禁 | 禁 | 禁 | 禁 | 禁
진
禁
킨 | 禁
禁 | | |
| 금하다　금 | | | | | | | | |

| 聖 | 聖 | 聖 | 聖 | 聖 | 圣
성
聖
세이 | 圣
聖 | | |
| 성인　성 | | | | | | | | |

| 暖 | 暖 | 暖 | 暖 | 暖 | 暖
봔
暖
단 | 暖
暖 | | |
| 따뜻하다　난 | | | | | | | | |

誠	誠	誠	誠	誠	诚 청 誠 세이	诚		
정성　성						誠		

愁	愁	愁	愁	愁	愁 처우 愁 슈	愁		
근심　수						愁		

慈	慈	慈	慈	慈	慈 츠 慈 지	慈		
사랑　자						慈		

說	說	說	說	說	说 쉬 説 세쓰	说		
말씀　설						説		

對	對	對	對	對	对 두이 対 타이	对		
대하다　대						対		

種 씨 종	種	種	種	種	种 중 種 슈	种 種		
實 열매 실	實	實	實	實	实 스 实 지쓰	实 实		
領 거느리다 령	領	領	領	領	领 링 領 료	领 領		
認 인정하다 인	認	認	認	認	认 런 認 닌	认 認		
圖 그림 도	圖	圖	圖	圖	图 투 図 즈,토	图 図		

算	算	算	算	算	算 쌍 算 산	算		
계산　**산**								

廣	廣	廣	廣	廣	广 광 広 코	广 広		
넓다　**광**								

精	精	精	精	精	精 징 精 쇼, 세이	精 精		
깨끗하다　**정**								

銀	銀	銀	銀	銀	銀 인 銀 긴	銀 銀		
은　**은**								

盡	盡	盡	盡	盡	尽 진 尽 진	尽 尽		
다하다　**진**								

| 輕 | 輕 | 輕 | 輕 | 輕 | 轻 칭 / 轻 킨,케이 | 轻 / 轻 | | |
| 가볍다 경 | | | | | | | | |

| 適 | 適 | 適 | 適 | 適 | 适 스 / 適 테키 | 适 / 適 | | |
| 알맞다 적 | | | | | | | | |

| 端 | 端 | 端 | 端 | 端 | 端 돤 / 端 탄 | 端 / 端 | | |
| 끝 단 | | | | | | | | |

| 聞 | 聞 | 聞 | 聞 | 聞 | 闻 원 / 聞 몬 | 闻 / 聞 | | |
| 듣다 문 | | | | | | | | |

| 語 | 語 | 語 | 語 | 語 | 语 위 / 語 고 | 语 / 語 | | |
| 말씀 어 | | | | | | | | |

| 察 | 察 | 察 | 察 | 察 | 察
차
察
사쓰 | 察
察 | | |

| 練 | 練 | 練 | 練 | 練 | 练
렌
練
렌 | 练
練 | | |

| 誤 | 誤 | 誤 | 誤 | 誤 | 误
우
誤
고 | 误
誤 | | |

| 歌 | 歌 | 歌 | 歌 | 歌 | 歌
거
歌
카 | 歌
歌 | | |

| 綠 | 綠 | 綠 | 綠 | 綠 | 绿
루
綠
로쿠,료쿠 | 绿
綠 | | |

察 살피다 찰
練 익히다 련
誤 그르치다 오
歌 노래 가
綠 푸르다 록

榮	榮	榮	榮	榮	荣 / 룽	荣		
영화 **영**					栄 / 에이	栄		

穀	穀	穀	穀	穀	谷 / 구	谷		
곡식 **곡**					穀 / 코	穀		

墨	墨	墨	墨	墨	墨 / 모	墨		
먹 **묵**					墨 / 보쿠	墨		

鳴	鳴	鳴	鳴	鳴	鸣 / 밍	鸣		
울다 **명**					鳴 / 메이	鳴		

鼻	鼻	鼻	鼻	鼻	鼻 / 비	鼻		
코 **비**					鼻 / 비	鼻		

漁	漁	漁	漁	漁	渔 위 / 渔 교,료	渔 / 渔		
물고기잡다 **어**								

壽	壽	壽	壽	壽	寿 서우 / 寿 주	寿 / 寿		
목숨 **수**								

暮	暮	暮	暮	暮	暮 무 / 暮 보	暮 / 暮		
저물다 **모**								

論	論	論	論	論	论 룬 / 論 론	论 / 論		
논하다 **론**								

數	數	數	數	數	数 수 / 数 스	数 / 数		
세다 **수**								

線	線	線	線	線	线 셴 線 셴	线 線		
줄 **선**								

質	質	質	質	質	质 즈 質 시치, 시쓰	质 質		
바탕 **질**								

熱	熱	熱	熱	熱	热 러 熱 네쓰	热 熱		
열 **열**								

增	增	增	增	增	增 쩡 增 조	增 增		
늘어나다 **증**								

調	調	調	調	調	调 탸오 調 초	调 調		
고르다 **조**								

請	請	請	請	請	请 / 칭 / 請 / 신,세이	请 請		
청하다　청								

德	德	德	德	德	德 / 더 / 德 / 토쿠	德 德		
덕　덕								

談	談	談	談	談	谈 / 탄 / 談 / 단	谈 談		
말씀　담								

選	選	選	選	選	选 / 쉬안 / 選 / 셴	选 選		
가리다　선								

價	價	價	價	價	价 / 자 / 価 / 카	价 価		
값　가								

養	養	養	養	養	养 (양) / 養 (요)	养 / 養
기르다 양						

樂	樂	樂	樂	樂	乐 (러) / 楽 (가쿠,라쿠)	乐 / 楽
즐겁다 락						

敵	敵	敵	敵	敵	敌 (디) / 敵 (테키)	敌 / 敵
원수 적						

誰	誰	誰	誰	誰	谁 (세이) / 誰 (스이)	谁 / 誰
누구 수						

賣	賣	賣	賣	賣	卖 (마이) / 売 (바이,마이)	卖 / 売
팔다 매						

諸	諸	諸	諸	諸	诸 주 諸 쇼	诸 諸		
모두　제								

| 課 | 課 | 課 | 課 | 課 | 课
커
課
카 | 课
課 | | |
| 과정　과 | | | | | | | | |

| 億 | 億 | 億 | 億 | 億 | 亿
이
億
오쿠 | 亿
億 | | |
| 억　억 | | | | | | | | |

| 舞 | 舞 | 舞 | 舞 | 舞 | 舞
우
舞
부 | 舞
舞 | | |
| 춤추다　무 | | | | | | | | |

| 齒 | 齒 | 齒 | 齒 | 齒 | 齿
츠
齒
시 | 齿
齒 | | |
| 이　치 | | | | | | | | |

慶 경사 경	慶	慶	慶	慶	庆 칭 慶 케이	庆 慶		
暴 사납다 폭	暴	暴	暴	暴	暴 푸 暴 보	暴 暴		
潔 깨끗하다 결	潔	潔	潔	潔	洁 제 潔 케쓰	洁 潔		
遺 남기다 유	遺	遺	遺	遺	遗 이 遺 유이	遗 遺		
賞 상 상	賞	賞	賞	賞	賞 상 賞 쇼	賞 賞		

| 憂 | 憂 | 憂 | 憂 | 憂 | 忧
유
憂
유 | 忧
憂 | | |
| 근심 우 | | | | | | | | |

| 學 | 學 | 學 | 學 | 學 | 学
쉐
学
가쿠 | 学
学 | | |
| 배우다 학 | | | | | | | | |

| 頭 | 頭 | 頭 | 頭 | 頭 | 头
터우
頭
토 | 头
頭 | | |
| 머리 두 | | | | | | | | |

| 戰 | 戰 | 戰 | 戰 | 戰 | 战
잔
戰
센 | 战
戰 | | |
| 싸우다 전 | | | | | | | | |

| 親 | 親 | 親 | 親 | 親 | 亲
친
親
신 | 亲
親 | | |
| 친하다 친 | | | | | | | | |

樹 (나무 **수**)	樹	樹	樹	樹	树 수 / 樹 주	树 / 樹		
錢 (돈 **전**)	錢	錢	錢	錢	钱 첸 / 錢 센	钱 / 錢		
興 (일어나다 **흥**)	興	興	興	興	兴 싱 / 興 쿄	兴 / 興		
餘 (여유 **여**)	餘	餘	餘	餘	余 위 / 余 요	余 / 余		
獨 (홀로 **독**)	獨	獨	獨	獨	独 두 / 独 도쿠	独 / 独		

橋	橋	橋	橋	橋	桥 (차오) / 橋 (교)	桥 / 橋		
다리 교								

燈	燈	燈	燈	燈	灯 (덩) / 灯 (토)	灯 / 灯		
등잔 등								

靜	靜	靜	靜	靜	静 (징) / 静 (조,세이)	静 / 静		
고요하다 정								

憶	憶	憶	憶	憶	忆 (이) / 憶 (요쿠)	忆 / 憶		
생각하다 억								

應	應	應	應	應	应 (잉) / 応 (오)	应 / 応		
응하다 응								

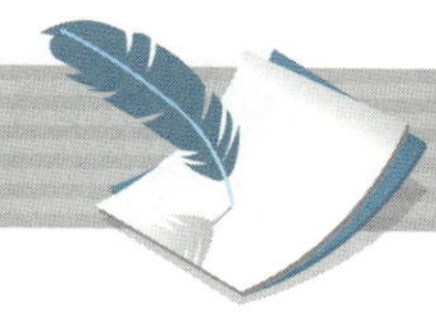

정자	따라쓰기				간체자 / 중국어·일본어 음	
聲 소리 **성**	聲	聲	聲	聲	声 성 声 쇼,세이	声 声
講 배우다 **강**	講	講	講	講	讲 장 講 코	讲 講
舊 옛 **구**	舊	舊	舊	舊	旧 주 旧 큐	旧 旧
鮮 곱다, 신선하다 **선**	鮮	鮮	鮮	鮮	鲜 셴 鮮 셴	鲜 鮮
謝 사례하다 **사**	謝	謝	謝	謝	谢 셰 謝 샤	谢 謝

關	關	關	關	關	关 관 関 칸	关 関		
관계 **관**								

題	題	題	題	題	題 티 題 다이	題 題		
제목 **제**								

難	難	難	難	難	难 난 難 난	难 難		
어렵다 **난**								

醫	醫	醫	醫	醫	医 이 医 이	医 医		
의원 **의**								

藝	藝	藝	藝	藝	艺 이 芸 게이	艺 芸		
재주 **예**								

歸	歸	歸	歸	歸	归 / 구이 帰 / 키	归帰		
돌아오다 **귀**								
蟲	蟲	蟲	蟲	蟲	虫 / 충 虫 / 추	虫虫		
벌레 **충**								
藥	藥	藥	藥	藥	药 / 야오 薬 / 야쿠	药薬		
약 **약**								
禮	禮	禮	禮	禮	礼 / 리 礼 / 레이	礼礼		
예절 **례**								
豐	豐	豐	豐	豐	丰 / 펑 豊 / 부,호	丰豊		
풍년 **풍**								

識	識	識	識	識	识 스 識 시키	识 識		
알다　**식**								

證	證	證	證	證	证 정 証 쇼	证 証		
증거　**증**								

願	願	願	願	願	愿 위안 願 간	愿 願		
원하다　**원**								

勸	勸	勸	勸	勸	劝 취안 勧 칸	劝 勧		
권하다　**권**								

議	議	議	議	議	议 이 議 기	议 議		
의논하다　**의**								

嚴	嚴	嚴	嚴	嚴	严 옌 嚴 겐	严 嚴		
엄하다 **엄**								
鐘	鐘	鐘	鐘	鐘	钟 중 鐘 쇼	钟 鐘		
쇠북 **종**								
競	競	競	競	競	竞 징 競 케이	竞 競		
겨루다 **경**								
權	權	權	權	權	权 취안 權 켄,곤	权 権		
권세 **권**								
鐵	鐵	鐵	鐵	鐵	铁 테 鐵 테쓰	铁 鉄		
쇠 **철**								

| 續 | 續 | 續 | 續 | 續 | 续 (쉬) / 続 (쇼쿠, 조쿠) | 续 / 続 | | |
| 잇다　속 | | | | | | | | |

| 歡 | 歡 | 歡 | 歡 | 歡 | 欢 (환) / 歓 (칸) | 欢 / 歓 | | |
| 기뻐하다　환 | | | | | | | | |

| 露 | 露 | 露 | 露 | 露 | 露 (루) / 露 (로) | 露 / 露 | | |
| 이슬　로 | | | | | | | | |

| 聽 | 聽 | 聽 | 聽 | 聽 | 听 (팅) / 聴 (초) | 听 / 聴 | | |
| 듣다　청 | | | | | | | | |

| 讀 | 讀 | 讀 | 讀 | 讀 | 读 (두) / 読 (토, 도쿠) | 读 / 読 | | |
| 읽다　독 | | | | | | | | |

驚	驚	驚	驚	驚	惊 징 / 驚 쿄	惊 驚		
놀라다 경								
體	體	體	體	體	体 티 / 体 테이, 타이	体 体		
몸 체								
變	變	變	變	變	変 벤 / 変 헨	変 変		
변하다 변								
觀	觀	觀	觀	觀	观 관 / 観 칸	观 観		
보다 관								
讓	讓	讓	讓	讓	让 랑 / 讓 조	让 讓		
사양하다 양								

하루 10자씩 80일 만에 마스터하는

한중일 공용한자 800

1판 1쇄 발행 2013년 8월 12일
1판 2쇄 발행 2016년 1월 12일

펴낸이 이경희

기획 고국희
발행 글로세움

출판등록 제318-2003-00064호(2003. 7. 2)
주소 서울시 구로구 경인로 445 (고척동)
전화 02-323-3694
팩스 070-8620-0740
메일 editor@gloseum.com
홈페이지 www.gloseum.com

ISBN 978-89-97222-45-2 63700

* 잘못된 책은 구입하신 서점이나 본사로 연락하시면 바꿔 드립니다.